dtv

Sie sind niedlich und harmlos aussehende kleine Geschöpfe in zartem Alter – in Wirklichkeit aber erbarmungslose Ungeheuer, die ihre Eltern schikanieren und ihnen oft den letzten Nerv rauben. Die kleinen Tyrannen gehen um und verkehren die familiären Machtverhältnisse. Diese willensstarken Sprößlinge halten Mutter und Vater rund um die Uhr auf Trab und lassen sie tanzen wie Marionetten. Hilflos und ohnmächtig müssen die geplagten Eltern mit ansehen, wie ihre Sprößlinge unter wütendem Protest die Nahrungsaufnahme oder den Schlaf verweigern und sich nur in immer ausgefalleneren Situationen dem elterlichen Willen fügen.
Die bekannte Kinderpsychologin Jirina Prekop hat sich mit dem Phänomen der Herrschsucht bei Kindern auseinandergesetzt. Sie zeigt einleuchtend, welche Elternpaare besonders Gefahr laufen, einen »kleinen Tyrannen« großzuziehen, wann die Erziehungsfehler meist einsetzen und welcher Art sie sind. Die zahlreichen Falldarstellungen vermitteln eindringliche, oft erschütternde Anschaulichkeit. Abhilfe schaffen kann die Festhalte-Therapie, die Prekop neben vielen weiteren praktischen Empfehlungen für eine verantwortungsvolle Kindererziehung schildert. Ihr Fazit: Kinder brauchen Halt, damit sie sich ohne Störungen entwickeln können.

*Jirina Prekop,* geboren 1929, ist promovierte Diplom-Psychologin und arbeitete viele Jahre in der Abteilung für Entwicklungsstörungen im Olgahospital in Stuttgart. Sie lebt in Lindau am Bodensee und ist 1. Vorsitzende der »Gesellschaft zur Förderung des Festhaltens als Lebensform und Therapie e. V.«. Sie ist Autorin verschiedener Bestseller, u. a. ›Kinder sind Gäste, die nach dem Weg fragen‹ (1990) und ›Unruhige Kinder‹ (1993, mit Christel Schweizer).

Jirina Prekop

# Der kleine Tyrann

## Welchen Halt brauchen Kinder?

Erweiterte Neuausgabe

Deutscher Taschenbuch Verlag

Von Jirina Prekop
sind im Deutschen Taschenbuch Verlag erschienen:
Kinder sind Gäste, die nach dem Weg fragen
(dtv 8493, zusammen mit Christel Schweizer)
Unruhige Kinder (dtv 36030, zusammen mit Christel Schweizer)

Ungekürzte Ausgabe
Mai 1999
2. Auflage September 1999
Deutscher Taschenbuch Verlag GmbH & Co. KG,
München

ISBN 3-466-30382-6
Umschlagkonzept: Balk & Brumshagen
Umschlagfoto: © Camille Tokerud/TONY STONE
Gesamtherstellung: C. H. Beck'sche Buchdruckerei,
Nördlingen
Gedruckt auf säurefreiem, chlorfrei gebleichtem Papier
Printed in Germany · ISBN 3-423-08498-7

# Inhalt

# Vorwort zur erweiterten Auflage

Im Laufe der vielen Auflagen habe ich zu diesem Buch ein zwiespältiges Verhältnis entwickelt. Als Autorin freue ich mich natürlich, einen Bestseller verfaßt zu haben. Zugleich ist mir aber bitter bewußt, daß die Verkäuflichkeit dieses Buches nur durch die Not der betroffenen Kinder und Eltern möglich wurde. Diese Not hört leider nicht auf. Immer häufiger trifft man auf herrschsüchtige, rücksichtslos aggressive Kinder. Für manche ist »der kleine Tyrann« inzwischen zu einem klassischen Begriff geworden.

Als das Buch erstmals erschien, fühlte ich mich durch die scharfen Kritiken, die hauptsächlich von den antiautoritär und antipädagogisch denkenden Fachleuten kamen, sehr verletzt. Gleichzeitig war ich aber auch für das heftige Kontra dankbar, weil dadurch die Diskussion in Gang kam. Der kleine Tyrann zeigte den gleichen Effekt wie ein ins Wasser geworfener Stein. Er sorgte dafür, daß der Boden aufgewühlt wurde und die übereinander liegenden Schichten durchgewirbelt wurden. Auf diese Weise kann das Morsche abgetragen werden, das Gewichtige sinkt wieder zu Boden und das Wasser klärt sich. Dieser Klärungsprozeß wird noch lange andauern. Deshalb braucht dieses Buch also keinen Wiederbelebungsversuch. Es ist immer noch aktuell.

Der Grund für diese erweiterte Auflage liegt auch nicht darin, daß etwas Grundlegendes korrigiert werden müßte. Nach wie vor stehe ich hinter allen Darstellungen und Deutungen, so wie sie in der ersten Auflage erschienen sind – bis auf eine wesentliche Ausnahme. Sie betrifft die Art und Weise, wie die Eltern dem Kind in der sogenannten Trotzphase helfen sollten, seine wachsende Aggressivität zu formen. Meinen damaligen Ratschlag, »das Kind solle mit seinem Trotz möglichst selber fertig werden«, deute ich heute als Fehler. Aufgrund der vielen guten Erfahrungen, die ich zwischen-

zeitlich mit der Festhaltetherapie sammelte, kann ich dazu heute differenzierter Stellung nehmen.
Der Zorn, den das zwei- bis dreijährige Kind mit der besonderen Dynamik des sich durchsetzen wollenden Ichs entwickelt, richtet sich sowohl gegen Gegenstände, gegen sich selbst, aber auch gegen die Eltern. Im ersten Falle wäre es kein Fehler, so zu verfahren, wie von mir ursprünglich empfohlen. Hat beispielsweise das Kind Wut auf die zu hohe Türklinke und auf sich selbst, weil es die Türklinke nicht erreicht, soll es lernen, diese Frustration zu ertragen. Es soll erfahren, daß es eine Krise auch aus eigener Kraft verarbeiten kann. Wenn sich seine Wut aber auf die Mutter oder den Vater richtet, dann muß es eine Chance bekommen, sich mit seinem Gegenüber zu konfrontieren. Dann soll es seine Aggression von Antlitz zu Antlitz ausdrücken, dabei aber auch den Ärger des Gegenübers wahrnehmen. Damit diese Konfrontation gut verläuft und sich die Liebe erneuern kann, ist eine festhaltende Umarmung unterstützend. Wenn das Kind einmal reifer wird und sich auch sprachlich ausdrücken kann, kann es einen solchen Konflikt auch ohne Körperkontakt austragen.
Eine nähere Beschreibung des Festhaltens habe ich schon in der ersten Auflage dieses Buches gegeben, allerdings bedarf es hierzu einer Erweiterung. Zwischenzeitlich haben viele verzweifelte Eltern das Festhalten nach dem Buch praktiziert. Manche machten damit gute Erfahrungen, andere bekamen aber Angst vor dem Ausbruch ihrer eigenen bis dahin gezügelten Affekte und gaben auf. Dies hat zwar beim Kind keinen weiteren Schaden angerichtet, aber es bekam einmal mehr den Beweis, daß es stärker als die Eltern ist und daß sich diese leicht einschüchtern lassen. Es hat sich gezeigt, daß das unbefriedigend lange Festhalten von zwei bis vier Stunden eine Folge von verschiedenen Störungen ist, die bereits ursächlich das kleine Kind zum Tyrannen werden ließen. In all diesen Fällen reichte das laienhafte Festhalten nicht, sondern es war fachliche Hilfe in Form der Festhaltetherapie angezeigt. Ohne Hilfe der auf dem Gebiet erfahrenen Therapeuten hätten die Eltern es nicht geschafft, sich als Eltern zu stellen und dem Kind sein unbeschwertes Kindsein zu ermöglichen.

Eine der verbreitetsten Störungen ist die Angst der Eltern vor dem eindeutigen Ausdruck ihrer eigenen negativen Gefühle. Diese *affektive Ambivalenz*, das unerträgliche »Weder-Noch« treibt das Kind zur Ablehnung der Eltern und verhindert die notwendige Konfrontation. Dieses Problem näher zu betrachten, war ein wesentlicher Grund für diese erweiterte Auflage.

Für die Entdeckung der unbewußt wirkenden Verstrickungen im Beziehungsgeflecht der Familie bedanke ich mich bei den systemischen Familientherapeuten, besonders bei Bert Hellinger. Bei einem Festhalteworkshop, den ich auf seinen Wunsch hin im Jahre 1990 für ihn gestaltete, erschloß sich mir eine neue Einsicht in uralte Ordnungen. Seit dieser Zeit ist die Festhaltetherapie mit der systemischen Familientherapie sehr nah verbunden. In vielen Fällen ist die Entstehung der Herrschsucht einleuchtend und therapierbar erst dann, wenn ihre *systemischen Wurzeln* beleuchtet werden. Denn oftmals wird ein Kind nur deshalb zum Tyrannen, weil es einen ihm Nahestehenden, der aus seiner Familie ausgestoßen wurde, unbewußterweise vertritt.

Beim gemeinsamen Schreiben der Bücher *Kinder sind Gäste, die nach dem Weg fragen* und *Unruhige Kinder* mit Christel Schweizer wurden uns bestimmte *schöpfungsbedingte Gesetzmäßigkeiten* bewußt, deren Einhalten für das innere Gleichgewicht sorgt, ihr Nichteinhalten dagegen zur Zerstörung führt. Das Phänomen des »kleinen Tyrannen« bietet dafür eine bittere Kostprobe. Die Lösung liegt im bewußten Einbinden (= »re-ligio«) in die uns vorgegebenen Lebensgesetze.

# Einleitung

An einem Sommertag hatten mein Mann und ich zwei sich merkwürdig ergänzende Erlebnisse, die mir zeigten, daß ich dieses Buch eiligst schreiben sollte.

Wir hätten uns von der zauberhaften Morgensonne nicht täuschen lassen sollen. Als das Ausflugsschiff den Lindauer Hafen verließ, trieb ein kräftiger Regenguß alle enttäuschten Passagiere in das Restaurant, das sofort überfüllt war. Am Nachbartisch sorgte ein etwa fünfjähriger Bub für einen weiteren Sturm. Trotz des Ärgers der Gäste, die bereits ihr Essen serviert bekamen, bestand der Junge darauf, auf dem Tisch zu stehen, um eine bessere Aussicht auf die Wellen zu haben. Das freundliche Bitten seiner Eltern, vom Tisch herunterzukommen, ließ er zunächst unbeachtet. Als diese dann versuchten, ihn herunterzuheben, schrie er wütend durch das ganze Lokal: »Laß mich los, du blöde Sau«, trat der Mutter in den Bauch und biß den Vater in die Hand. Dieses Schauspiel wiederholte sich. Der Junge wurde immer wütender, die Eltern verlegener und die Gäste immer verärgerter. Die Eltern nahmen ihn entschlossen vom Tisch herunter, was bei dem Jungen einen noch größeren Tobsuchtsanfall auslöste. Jetzt kamen von den umstehenden Gästen Bemerkungen wie: »Wenn das meiner wäre, bekäme er eine Tracht Prügel.« Die Eltern versuchten mit hochrotem Kopf einzuwenden, »das haben wir auch schon probiert, aber es wurde alles nur noch schlimmer«. Für die Eltern gab es jetzt zwei Möglichkeiten: Entweder sie gingen mit dem Kind in den Regen hinaus oder sie ließen ihn auf dem Tisch stehen. Beide Entscheidungen aber waren eine Niederlage der Eltern. Sie waren in einer Falle. Beim Hinausgehen weinte die Mutter leise vor sich hin.

Beim Spaziergang am Ufer bot sich uns ein ähnlich typisches Bild. Die Schwäne und Enten zogen ihre Jungen in Reih und Glied hinter sich her, um das Brot der Ausflügler zu schnappen. Eine Ente fiel aus dem Rahmen: Sie hatte nur ein einziges Entlein und zog es nicht hinter sich her, sondern ließ sich von ihm ziehen. Das Entlein schwamm unruhig zwischen den Booten hin und her und schnappte nach allem möglichen, nur nicht nach Brot. Und die Ente – wie die Mutter auf dem Schiff – folgte mit gesenktem Kopf und unsicher ihrem Jungen.

»Eigentlich müßte auch die Mutter krank werden«, meinte mein Mann. »Ein Untergang für beide.« Und wir redeten darüber, wie problematisch es ist, wenn die Herde das kranke, angstbesetzte Verhalten eines jungen Tieres übernimmt, anstatt es zum Respektieren der Gesetze der Herde zu führen. Denn mit der Gefährdung dieser Gesetze droht der Zerfall der ganzen Familie. Hier begriff ich, daß es Zeit ist, das Thema aufzugreifen, auch wenn die wissenschaftliche Verarbeitung noch ganz am Anfang steht.

Denn solchen Eltern, die durch ihr »zum Alptraum gewordenes Kind« zutiefst verängstigt sind, begegne ich immer häufiger in meiner Sprechstunde: Eltern, die sich von ihrem Kind ausgenommen und versklavt fühlen, obwohl sie für sich selbst und für ihr Kind eine Freiheit schaffen und nach dieser leben wollten. Eltern, die sich als Erzieher in Frage stellen, weil sie ihr Kind weder durch wohlwollendes Verhalten noch durch Lob und Tadel erreichen können. Eltern, die schon fast bereuen, ein Kind geboren zu haben, und Ehepaare, die aus dem Miterleben eines solchen Kindes heraus den eigenen Kinderwunsch verdrängen.

Unter diesen kleinen Tyrannen finden wir nicht nur die, die mit ihrem extrem aggressiven Verhalten ihre Umwelt beherrschen, sondern auch solche, die mit dem Herrschenmüssen überfordert sind und sich solche Wutausbrüche nicht zutrauen. Sie verweigern eher, beobachten lauernd die Szene und ziehen sich innerlich in ihre eigene »Inselwelt« zurück, eine Inselwelt, in der die Verhältnisse noch beherrschbar sind und in der sie sich selbst nicht im Wege stehen. Ich sehe auch Kinder, die irgendwann einmal entmachtet wurden und die deswegen verwirrt und traurig sind, die sich im Unrecht fühlen, zusammenbrechen und psychosomatisch erkranken.

Diese Kinder sind unglücklich und gefangen in ihrer eigenen Macht. Sie sind in ständiger Unruhe und total vereinsamt. Sie können zwar alles nehmen, aber selbst nichts geben. Und so entgeht ihnen das Erlebnis der Liebe, einer Liebe, die aus einem ausgewogenen Verhältnis von Nehmen und Geben besteht.
Für diese Kinder und gerade wegen ihrer Probleme ist dieses Buch hauptsächlich geschrieben. Denn ihre Zukunft wäre traurig, wenn es keine rechtzeitige Hilfe gäbe. Sie sollen und müssen sich in dieser Welt wohlfühlen, wenn sie den Lebenskampf bestehen wollen. Sie erreichen dieses Ziel nicht durch Beherrschen ihrer Umwelt, sondern *nur* durch den Erwerb von Fähigkeiten wie warten zu können, sich anpassen zu können, Niederlagen ertragen zu können, die Angst nicht zu ignorieren, sondern sie erleben und durch sie hindurchgehen zu können, sich solidarisieren zu können. In ihrer derzeitigen Situation sind diese Kinder jedoch einer traurigen Zukunft ausgeliefert. Sie ahnen selbst noch nicht, daß sie niemals eine Freiheit erlangen können, solange sie von der Macht abhängig sind.
Vielen Gesprächen mit Fachleuten aus der Praxis entnehme ich, daß ich mit meinen Ausführungen keine »Schwarzmalerei« betreibe, wenn ich Alarm schlage und Erste Hilfe anzubieten wage. Überall wird ein beeindruckender Wandel in den kindlichen Persönlichkeitsstörungen beobachtet, der sich etwa seit den achtziger Jahren explosionsartig ausbreitet. Bis zu dieser Zeit überwogen bei den Problemkindern die Ängstlichen, die Versager, die »Prügelknaben« und die »Sündenböcke«, die sich ihre Ersatzbefriedigung in der extremen oralen Befriedigung (wie Nägelkauen, Freßsucht u.a.) und in der indirekten Aggression (wie Lügen, Stehlen, Zündeln u.a.) zu holen versuchten. Je nach »Gesinnung« des weichenstellenden Diagnostikers wurden die Betroffenen zur Erziehungsberatung, zur psychoanalytischen oder verhaltenstherapeutischen Behandlung oder zur Familientherapie vermittelt.
Heute dagegen sind die destruktiv- und aggressionsbesetzten Störungen, die mit Gefühlskälte, Egoismus und Rücksichtslosigkeit einhergehen, im Vordergrund. Diese Kinder erscheinen erziehungsresistent und immun gegen Therapie. So mancher routinierte Fach-

mann – Psychologe, Lehrer oder Heilpädagoge – stellt sich Fragen wie: Bin ich berufsblind geworden, bin ich wegen eigener Projektionen diesen willensstarken Kindern gegenüber intolerant, sollte ich mich vielleicht doch wieder der antiautoritären Erziehung anschließen, habe ich bei meiner Routine keine Ausstrahlungskraft mehr, bin ich berufsmüde? Und es gibt Kinderärzte, die an ihrer Überzeugungskraft zweifeln, wenn sie in ihrer Praxis den »unbehandelbaren« Kindern begegnen, die nicht nur den Mund partout nicht aufmachen, sondern die auch lebenserhaltende Diäten, ja sogar Essen total verweigern und lieber verhungern würden, als auf flehentliches Bitten der Eltern den Hungerstreik aufzugeben. Nicht ein zur Durchsetzung treibender Zorn, sondern eine selbstvernichtende Wut scheint hier am Werk zu sein.

Auch an diese Fachleute richte ich mich. Ich möchte sie nicht unbedingt von ihren Zweifeln befreien, denn sie bringen uns in einen Dialog und somit weiter. Den kritisch lesenden Wissenschaftler bitte ich um Verständnis für mein Wagnis, eine Hypothese über die Ursachen der Herrschsucht aufzustellen, sowie für meine Annahme, daß es sich im wahren Sinne des Begriffs um eine Sucht handelt. Möge der wissenschaftlich Denkende dieses Buch als eine Fundgrube für weitere Forschungen betrachten. Mir ist zunächst wichtig, eine Diskussion in Gang zu setzen, aus der heraus mehr Verständnis für die betroffenen Kinder und Eltern wächst.

# Den Wurzeln der Herrschsucht auf der Spur

Als ich anfing, mich mit dem Thema »Herrschsucht« näher zu befassen, waren es vor allem drei Fragen, die mich beschäftigten:

- Was verbirgt sich hinter dieser ungeheuren kindlichen Machtausübung?
- Wo wurde die Grenze zu einem gesunden Maß an Macht überschritten?
- Herrschsüchtige Menschen gab es schon immer, aber nicht in dieser extremen Anhäufung bei Kindern. Was ist passiert?

Das Angebot an Literatur zu diesem Problem ist gering. Es gibt einige tiefenpsychologische Werke über den Zusammenhang von Herrschsucht und Narzißmus von Sigmund Freud und Heinz Kohut. Bei dem Vergleich von Herrschsucht und Geltungsstreben bietet sich ein Werk von Alfred Adler an. Mit dem Problem der Macht befaßt sich vor allem Hans Strotzka; auch er klagt über die spärlichen psychoanalytisch orientierten Werke. Er versucht zu erklären, daß wohl eher die Opfer der Mächtigen, also die Unterdrückten, zur Therapie kommen. – Interessant ist, daß in unserer Beratungsstelle eigenartigerweise der »umgekehrte« Personenkreis erscheint: Der Unterdrückte, die Eltern, stellt den Unterdrücker, das Kind, vor.
Das, was wir mit »Herrschsucht« bezeichnen wollen, ist weder mit dem Geltungsstreben noch mit dem Narzißmus identisch. Sucht man nach den Ursachen, so scheint es einen Zusammenhang mit dem derzeitigen technokratischen Lebensstil zu geben. Darauf gehe ich später noch ausführlich ein.
Bei vielen Forschern lassen sich allerdings Gemeinsamkeiten finden: Sie alle schlagen eine Brücke von der Psychoanalyse zur Soziologie der industriellen Leistungsgesellschaft. Sie prägen das Verständnis für seelische Erkrankungen, die sie als Folge einer Entfremdung von der Menschlichkeit sehen. Die Abhängigkeit von der

Macht »enthüllen« sie als Wegweiser zum Bösen. Als einzige und endgültige Hilfe erkennen sie ausschließlich die aktive Liebe.
Ich nenne nur einige von vielen: Erich Fromm warnt vor der zunehmenden Abhängigkeit des modernen Menschen vom »Haben«, die den Menschen hindert, das »Sein« zu erleben. Den Verrat am Selbst beschreibt Arno Gruen in seinem gleichnamigen Buch und stellt das Leiden heutiger Patienten dar. Sie identifizieren sich mit der Macht, machen sie zu ihrem Image, flüchten in falsche Gefühle und entfernen sich somit ganz vom Erleben der Liebe und der eigenen Autonomie.
Alexander Lowen meint, daß der Narzißmus eines jeden einzelnen durch den ganzen narzißtischen Kulturkreis geprägt wird. Wahre Gefühle entsprechen nicht mehr dem Image des Menschen und müssen infolgedessen verdrängt werden. Somit empfindet der heutige Mensch sein Leben als leer und sinnlos. Ähnlich wie im westeuropäischen Raum, stellt auch Lowen nach vierzig Jahren psychotherapeutischer Erfahrung (Bioenergetik) in den USA eine deutliche Veränderung fest: Die Neurosen früherer Zeiten wie lähmende Schuldgefühle, Ängste, Phobien und Zwangsvorstellungen sieht man heute selten. Dafür klagen in seiner Praxis sehr viel mehr Menschen über Depressionen und den Verlust von Gefühlen.
Das Meß- und Zählbare wiegt weit mehr als das Ideelle, und somit sind das Denken und Fühlen getrennt, abgespalten. Die technische Wissenschaft wird dem nicht exakt meßbaren Wissen über die emotionale Lage des Menschen vorgezogen. Folge dieser karthesianischen Wissenschaft ist, daß die erste Atombombe konstruiert wurde, bevor in der Pädagogik und Kinderpsychiatrie bekannt wurde, daß ein Kleinkind Bedürfnisse hat.
Beeindruckend und kritisch stellt der bekannte Tübinger Kinderpsychiater Reinhart Lempp den geschichtlichen Verlauf seines Berufs in seinem unlängst herausgegebenen Buch »Familie im Umbruch« dar. Erst in der Mitte des zwanzigsten Jahrhunderts brachten Forschungen von René Spitz, John Bowlby, H.F. Harlow u.a. eine Wende in das Erkennen und Verstehen der kindlichen Liebesfähigkeit und der psychischen Verletzbarkeit eines Kleinkindes. Und es

dauerte noch weitere Jahre, bis man erkannte, daß auch dieses Wissen wiederum einer Korrektur bedurfte: Heute weiß man, daß das Kind schon vor der Geburt für den Kontakt zur Mutter empfänglich ist.
Es kamen in der Zwischenzeit Werke von entwicklungspsychologisch denkenden Kinderpsychoanalytikern heraus, zum Beispiel von Donald W. Winnicott und Margaret S. Mahler, die die Entstehung und Entartung der Allmächtigkeit beim Kleinkind in psychotischen Erkrankungen erkannt haben. In den Kreisen der Psychotherapeuten fanden diese Forschungen einen überraschend guten Anklang. Leider blieben sie den Eltern und anderen Kinderbetreuern wegen der wissenschaftlichen Formulierungen weitgehend verschlossen.
In der deutschen Literatur hat die Kinderpsychotherapeutin Christa Meves die wissenschaftlichen Erkenntnisse aus Tiefenpsychologie, Soziologie und Tierverhaltensforschung miteinander verbunden. Sie sucht die Wurzeln der rücksichtslosen Maßlosigkeit im übersättigten, materiellen Wohlstand, in dem modernen Hedonismus, der die wahren Werte verkümmern läßt. Sie beschuldigt vorrangig die zunehmende Berufstätigkeit der Mütter von Säuglingen. Diese bieten ihrem Kind statt Liebe und Opferbereitschaft »vorgekaute« Materie in Form von tischfertiger Nahrung und statt Spielzeug Fernsehen. Unbeherrschte Aggressionen könnten ihrer Meinung nach vermieden werden, wenn man einerseits dem Kleinkind die Eigenaktivität und Eigeninitiative zur ungegängelten Eroberung der Umwelt belassen würde und andererseits ihnen gerade in dieser Zeit die Chance geben würde, sich mit sinnvoll gesetzten Schranken auseinanderzusetzen. Genau zu dieser Konfrontation aber sind die heutigen Mütter selbst nicht frei genug. Sie erlauben alles schrankenlos und entlasten dadurch den nach Befreiung suchenden Aggressionstrieb nicht, sondern lassen ihn wuchern.
Wir kommen der Wurzel der Herrschsucht immer näher. Eine weitere Bestätigung der Thesen, die die Abhängigkeit von der Macht erklären, finden wir bei Konrad Lorenz. Er untersucht den zunehmend verwüsteten Lebensraum der zivilisierten Menschheit unter

Aspekten der vergleichenden Psychologie und der Tiersoziologie. Er macht unter acht Todsünden der zivilisierten Menschheit hauptsächlich den gräßlichen Verfall des genetisch verankerten Sozialverhaltens und das Abreißen der Traditionen verantwortlich. Er weist darauf hin, daß Tausende von Kindern durch die »Non-Frustration-Erziehung« zu unglücklichen Neurotikern gemacht werden.

Ein Kind, das sich nicht mehr instinktiv dem Stärkeren in der Rangordnung fügen kann, fühlt sich ohne diesen Stärkeren schutzlos. Es kann sich mit der »sklavischen« Schwäche, die ihm der scheinbar Stärkere aufweist, nicht identifizieren und sich demzufolge auch nicht an seinen Verhaltensnormen orientieren. »Der Einzelmensch, der mit dem Ausfall bestimmter sozialer Verhaltensweisen und deren begleitender Gefühle geschlagen ist, ist tatsächlich ein armer Kranker, der unser volles Mitleid verdient. Der Ausfall selbst ist das Böse schlechthin. Er ist nicht nur die Negation und Rückgängigmachung des Schöpfungsvorganges – durch den das Tier zum Menschen wurde –, sondern er ist etwas viel Schlimmeres, ja Unheimliches. In irgendeiner geheimnisvollen Weise führt die Störung des moralischen Verhaltens nicht nur zu einem Fehlen all dessen, was wir als gut und anständig empfinden, sondern zu einer aktiven Feindschaft gegen diese Empfindungen – und eben dies ist das Phänomen, das viele Religionen an einen Feind und Gegenspieler Gottes glauben läßt. Wenn man dies alles wachen Auges betrachtet, kann man einem Gläubigen nicht wiedersprechen, der die Ansicht vertritt, der Antichrist sei los.«[1]

## Wie ich das Problem des herrschsüchtigen Kindes erkennen konnte

Daß wir uns intensiv mit den Fällen der Herrschsucht befassen können, verdanken meine Mitarbeiter und ich folgendem glücklichen Zusammentreffen von fachlichen und zeitlichen Umständen:

1. Im Rahmen einer intensiven, mehrjährigen Beschäftigung mit autistischen Kindern konnten wir beobachten, daß diese Kinder bei guter Förderung zum Teil eine höhere Stufe der sozialen Entwicklung erreichten. In dieser Stufe entdeckten sie die Freude an der Bindung zur Mutter – und eventuell auch zu anderen Bezugspersonen –, und sie bemühten sich, die Mutter in die immer noch bestehenden Zwänge miteinzubeziehen. Sofern die Mutter dies zuließ, weil sie sich an der erwachten Kontaktbereitschaft erfreute, sich damit begnügte und nicht mehr verlangte, blieb das Kind in der Stufe der Autokratie stecken, und die Mutter wurde beherrschbar.
2. Nachdem es sich herumgesprochen hatte, daß wir uns mit der Diagnose des Autismus befassen, wurden uns Kinder aus allen Gegenden zu einer Differentialdiagnose überwiesen, die dem Autismus ähnliche Verhaltensweisen zeigten. Bei diesen Kindern konnten wir feststellen, daß sie in das bekannte Syndrom des frühkindlichen Autismus nicht einzuordnen waren. Sie besaßen eine fast uferlose Bereitschaft, ohne jegliche Veränderungsängste die ganze Umwelt für sich in Anspruch zu nehmen, so als wären sie allmächtig.
3. Zum gleichen Zeitpunkt wurden uns in großer Anzahl Kleinkinder im Alter von vier bis vierundzwanzig Monaten vorgestellt, die ihre Eltern wegen ihrer Schlaf- oder Eßstörungen sowie permanenter Unruhe total in Anspruch nahmen. Bei diesen Kindern stellten wir die gleiche Entwicklungsstufe fest, die auch die Autisten er-

reicht hatten. Es konnte also eine Verwandtschaft zwischen der Autokratie und der zwanghaften Allmächtigkeit dieser Kleinkinder beobachtet werden.

4. Das »Festhalten« hat sich als Förderung der autistischen Kinder zu der genannten höheren Stufe des sozialen Interesses und als Befreiung vom Autismus als Primärtherapie erwiesen. Das »Festhalten« ist eine Maßnahme, die ich von der amerikanischen Kinderpsychiaterin Martha Welch und von dem nobelpreisgekrönten Niko Tinbergen nach langem Zögern, jedoch mit zunehmender Überzeugung übernommen habe und im deutschsprachigen Raum verbreite. Die entwicklungspsychologische und ethische Begründung des »Festhaltens« schärfte mein Einfühlungsvermögen und mein Verständnis für die Umstände, in denen nicht nur der Autismus, sondern auch die Herrschsucht auftreten konnte und somit auch die Wirksamkeit des »Festhaltens«.

(Bereits an dieser Stelle möchte ich betonen, daß das »Festhalten« nicht den Sinn hat, das Kind zu unterdrücken und zu besitzen, sondern ihm den Halt und die vorbehaltlose Liebe zu vermitteln, in der die Bereitschaft des Kindes zum eigenen losgelösten Selbst wachsen kann.)

# Vorstellung der kleinen Tyrannen
# Vier Falldarstellungen

Zur Einführung in das Thema stelle ich vier typische Fälle vor, die ich in meiner Beratungsstunde in der Abteilung für Entwicklungsstörungen einer Kinderklinik kennengelernt habe.

## *Alexander*

### *Problemvorstellung*

Der am Wohnort niedergelassene Kinderarzt überweist uns einen siebenjährigen Jungen, der ihm sehr am Herzen liegt. Der Arzt kennt die Familie seit Jahrzehnten. Er hat schon die älteren Geschwister, heute sechzehn- und achtzehnjährig, betreut und weiß, daß sich die Eltern um eine vernünftige Erziehung bemühen.
Alexander kam zwar als nicht mehr erwartetes, aber nach Bekanntwerden der Schwangerschaft innig erwünschtes Nesthäkchen zur Welt. Er war immer ein sonniges Kind. Die Eltern glaubten, ihn mit der gleichen liebevoll-konsequenten Haltung erzogen zu haben wie die älteren Geschwister. Der Vater widmete sich seinem kleinen Handwerksbetrieb, die Mutter war gerne »Nur-Hausfrau« und immer für die Kinder präsent. Der Kindergartenbesuch verlief scheinbar problemlos, denn Alexander ging gerne dort hin.
Erst mit der Einschulung brach eine Krise aus. Der Bub war im Lesen, Schreiben und Rechnen zwar nicht der schnellste, aber er war auch nicht zurück. In der Familie erwartete eigentlich auch niemand mehr von ihm, und es setzte ihn auch niemand unter Leistungsdruck. Es mußte wohl so sein, daß die Lehrerin ihn nicht mochte. Sie habe ihn einmal von der Tafel weggeschickt, was bei Alexander einen großen

Schock ausgelöst habe. Seitdem verweigerte er den Schulbesuch, obwohl er sich so auf die Schule gefreut hatte. Alle Versuche, ihn für die Schule zurückzugewinnen, schlugen fehl. Als die Lehrerin ihn einmal im Elternhaus besuchen wollte, geriet Alexander in ein panikartiges, ängstlich-wütendes Verhalten, das wie ein Anfall aussah. Die Lehrerin sei bekannt als eine »von der alten Schule«, lieb aber streng. Bei ihr sei schon einmal ein so ähnlich verlaufender Fall gewesen, jedoch nicht so dramatisch wie bei Alexander. Die betroffene Erstkläßlerin, die sich von ihr bedrängt fühlte, habe man dann einfach in eine Parallelklasse versetzt.
Alexander sei sehr sensibel und temperamentvoll, gekoppelt mit einem ausgeprägten Selbstbewußtsein. Der Kinderarzt vermutet eher eine Schulphobie. Er äußert auch noch den Verdacht eines minimalen Hirnschadens im Sinne einer Dysfunktion, denn Alexander habe leichte Probleme mit der räumlichen Orientierung wie rechts und links. Vielleicht könnte das auch die Ursache für sein langsames Schreibtempo sein. Aus den genannten Gründen möchte der Kinderarzt den Buben nicht der Erziehungsberatungsstelle am Ort vorstellen, sondern lieber bei uns an der Beratung teilnehmen lassen und eventuell noch den Rektor nebst Schulrat miteinbeziehen.

*Vorstellung des Kindes*

Auf den ersten Blick macht die Familie einen offenen Eindruck. Alexander gibt sich kontaktfreudig und aufgeschlossen. Auf meine erste Frage: »Was möchtest du einmal werden?« antwortet er prompt: »Polizeichef oder Feuerwehrchef«. O ja, und heiraten möchte er auch, am liebsten so eine Frau wie die Mama, nur schlanker. Er möchte Kinder haben, aber nur eines und da auch nur einen kleinen Buben. Seine Wohnung soll ein Bungalow sein, in dem zwar keine Mieter, aber dafür einhundert Leibwächter Platz haben, aber dann müßte es wohl eher eine Burg sein. Wenn er sich einen Berg wünschen dürfte, dann müßte es der größte im ganzen Lande sein, der oben ein Restaurant und Erdbeeren hat und den man mit einem eigenen Lift erreichen kann. Alexander darf sich noch ein Tier aussuchen, in das er gerne verwandelt werden möchte. Ohne zu zögern, entscheidet er sich für einen Löwen, den er vom Zirkus her kennt und vor dem alle Menschen Angst haben. Die Mama, den Papa und die Geschwister verwandelt er auch in Löwen, nur müssen sie kleiner sein als er – so eine richtige Löwenfamilie.

Alexander hat keinen festen Freund. Er spielt am liebsten mit wesentlich jüngeren Kindern oder mit deutlich älteren. Die Eltern erklären sein Spielverhalten so: »Alexander hilft so gerne den Kleinen und kann mit ihnen so schön spielen. Von den Älteren lernt er viel, und er möchte sich deren Verhalten angleichen. Dagegen ist doch nichts einzuwenden, oder? Es gibt zwar einen gleichaltrigen Buben in der Nachbarschaft, aber mit dem verträgt er sich überhaupt nicht, die beiden sind wie ›Hund und Katz‹. Gegen diesen Jungen kann sich Alexander mit seinen Spielideen nicht durchsetzen.«

Ich frage weiter und möchte wissen, wie sich Alexander überhaupt auf ein Gegenüber einstellen kann, wenn es nicht in seinem Sinne läuft, und ob er folgen kann. Die Eltern antworten: »O ja, er kann folgen, wenn er will.« Ich bohre weiter: »Und was ist, wenn er keine Lust hat?« »Nun, dann folgt er eben nicht. Er ist so ein richtiger Pascha. Ich als Mutter komme mir manchmal wie seine Hofdame und seine Hofköchin vor. Er ißt kein Gemüse, vom Obst nur Bananen, die Äpfel nur als Kompott und vom Fleisch nur paniertes Schnitzel.«

Auf meine Frage, ob er schmusen kann, antwortet die Mutter: »Und wie, der ist ein Schmuser.« Erst als ich frage, was passiert, wenn die Initiative zum Schmusen nicht von ihm, sondern von der Mutter ausgeht – da die Liebe ja ein gegenseitiges Nehmen und Geben ist –, wird die Mutter sehr nachdenklich und bekommt einen traurigen Gesichtsausdruck: »Nun, er kommt und geht, wann er will. Ich habe da keinen Einfluß.«

Mich interessiert weiter, wie der Junge spielt. Die Eltern berichten, daß er am liebsten alleine spielt, mit Lego und Autos, da er technisch sehr interessiert sei. Er habe eigentlich kein »Sitzfleisch« und sei eher ein »Quecksilber«, das immer in Bewegung sein muß. Der

Vater meint, er sei ein Lausbub, so wie er einer war, bloß sind es heute andere Zeiten. Die Freiheit, die sie ihrem Sohn heute gönnen können, hatte der Vater damals nicht.

*Klärung der Vorgeschichte und der Entwicklungsstörung aus der Sicht der Psychologie*

Die Analyse der Vorgeschichte ergibt, daß Alexander nach einer schweren Geburt unter ein Sauerstoffzelt kam und ein »rooming-in« wegen der Schwäche der Mutter kaum genützt werden konnte. Bis zum neunten Monat war er ein ruhiges und leicht zu pflegendes Kind. Dann brachen die Schlaf- und Eßstörungen sowie die Unruhe aus. In diesem Augenblick des Berichtens werden bei den Eltern wieder die Befürchtungen eines möglichen leichten Hirnschadens wach. Sie berichten weiter: Alexander habe zehn- bis zwanzigmal pro Nacht nach der Flasche verlangt, die gleiche Flasche, die er am Tage stets verweigerte. Eine zeitgemäße Umstellung auf festere Kost sei nicht möglich gewesen.

Alexander habe eigentlich nie eine Fremdelphase durchlaufen. Ja, und die Trotzphase, die dauert eigentlich bis heute an, wenn er nicht seinen Willen durchsetzen kann. Im Kindergarten konnte er sich nicht auf die anderen Kinder einstellen. Dafür gewann er die Kindergärtnerin mit seinem Charme für sich und machte sich zu ihrem großen Helfer. Dieses Verhalten wollte er in der Schule fortsetzen und wurde bitter enttäuscht. Plötzlich stellte er fest, daß er einer unter vielen ist und daß er auch bei Unlust auf seinem Stuhl sitzenbleiben und sich konzentrieren mußte. Außerdem spürte er deutlich, daß er nicht so schnell schreiben konnte wie die anderen und wurde immer nervöser.

Medizinisch-psychologische Untersuchungen wie EEG und Tests der sensomotorischen Integration und der Intelligenz bestätigten den Verdacht des Kinderarztes. Es konnte eine äußerst minimale Dysfunktion in der Koordination der Bewegung ermittelt werden, die die Stifthaltung und das Schreibtempo negativ beeinflußten. Mit dieser leichten Störung müssen viele Kinder und Erwachsene im

Leben zurechtkommen. Eine der bewährtesten Hilfen bei diesem Problem ist, sich um so mehr zu bemühen, mit Fleiß und anderen Stärken die Schwäche auszugleichen.
Aber genau diese Hilfe konnte Alexander nicht einsetzen. Dafür wurde er immer nervöser und versuchte, sich mit vorlautem Reden und Clownereien in den Mittelpunkt zu spielen und sein starkes Geltungsbedürfnis zu sättigen. Und so geschah dann jene dramatische Episode mit der Tafel, die schließlich in unsere Sprechstunde führte:
Die Lehrerin schrieb den Kindern etwas an die Tafel. Plötzlich rannte Alexander zu ihr hin und brüllte sie an: »Wie kannst du die ganze Tafel vollschreiben, die eine Hälfte gehört mir.« Er wischte blitzschnell die eine Tafelhälfte ab. Die Lehrerin schickte ihn ruhig zu seinem Platz zurück. Alexander steigerte sich in seine Wut hinein und schrie: »Ich gehe nicht weg, du mußt weggehen, sofort.« Als er bemerkte, daß die Lehrerin ruhig und mit erstaunt-lächelndem Gesicht stehenblieb – und zu allem Übel auch noch die anderen Klassenkameraden anfingen zu lachen –, rannte Alexander auf den Flur. Dort trommelte er mit den Fäusten an eine Schrankwand und schrie weiter: »Sie muß weg, sie muß weg!« Aus allen Türen kamen Lehrer und Schüler gelaufen. Sie versuchten, den armen Buben zu trösten, und brachten ihn schließlich nach Hause. Und – es wurde der Verdacht einer Schulphobie diagnostiziert.

## *Luisa*

### *Problemvorstellung*

Die Stationsärztin der Abteilung für innere Medizin in unserer Klinik bat mich, ihr bei einem akuten Fall zu helfen. Auf ihrer Station liegt ein zweieinhalbjähriges Mädchen, Einzelkind einer italienischen Gastarbeiterfamilie, das jegliche Nahrungsaufnahme verweigert. Es befindet sich schon in einem unterernährten und ausgetrockneten Zustand und sollte mit der Sonde ernährt werden. Trotz gewissenhafter Untersuchungen konnten keine organischen Ursachen für die Essensverweigerung festgestellt werden. Die Ärztin vermutet und hofft, daß eine psychische Ursache zugrunde liegt, die wohl im Zusammenhang mit einer Reise in das heimatliche Sizilien zu sehen ist.

*Vorstellung des Kindes*

Das Mädchen ist außergewöhnlich schön. Es hat ein ernstes und kluges Gesicht, aus dem einen große, dunkle Augen prüfend und traurig anschauen, so als hätte es seine Kindheit verloren. Luisa tut so, als verstehe sie nichts, obwohl die Eltern von einem altersgemäßen Sprachverständnis berichten. Sie hat vor einigen Tagen noch in ganzen Sätzen gesprochen, um Wünsche zu äußern, um ihr Tun und das der anderen zu kommentieren und um Fragen zu stellen, auf die sie eine ihr bekannte Antwort erwartete. Heute spricht sie nicht mehr.
Luisa brachte mit ihrem »Gebabbel« die Eltern und Freunde zum Lachen. Sie wirkte selbstsicher und hatte keine Scheu vor Fremden. Sie sprach von sich noch nicht als »ich«, sondern von Luisa, oder benutzte Infinitive, z.B. »Kaba trinken«, »Auto fahren«. Sie prüfte die Menschen, ob und wie sie auf ihre Fragen reagierten, ob sie ihr folgten. Luisas Verhalten glich dem der Könige und Polizeipräfekten.
Luisa ist nach den Berichten der Eltern ein tapferes Mädchen, das keinen Sinn für Gefahren hat. Sie habe sich von klein auf so verhalten, als gehöre ihr die Welt. Sie habe nie einen Schnuller gebraucht, auch nicht zum Einschlafen. Auf die Trotzphase angesprochen, meinten die Eltern, sie habe sie nicht nötig gehabt, weil sie sich immer durchgesetzt habe.
Nach der Geburt schrie Luisa immer dann, wenn das »rooming-in« für die Nacht unterbrochen wurde und die Säuglinge in ein Säuglingszimmer gefahren wurden. Die Mutter habe dann daheim versucht, diese Enttäuschungen wieder gutzumachen und die fehlende Liebe nachzuholen. Sie habe Luisa stundenlang mit sich herumge-

tragen. Es dauerte nicht lange, und das willensstarke Baby bestimmte selbst, wie es und in welchem Tempo es getragen werden möchte. Sie ließ die Mutter nicht mehr zur Ruhe kommen. Die Mutter war froh, wenn sie vom Ehemann oder der Schwiegermutter abgelöst wurde. Aber auch diese wurden von dem Mädchen getrieben. Als Luisa laufen konnte, bestimmte sie, wie lange sie auf dem Schoß der Eltern blieb und ob sie sich an der Hand führen ließ oder nicht. Sie schmuste gerne, aber nur kurz. Mit zwei Jahren war sie ohne große Mühe sauber, aber auch hier bestimmte sie, wohin der Stuhlgang mußte. Sie benützte weder Klo noch Topf, sondern zwang die Eltern, ihr für den Stuhlgang in einer Wohnzimmerecke eine Windel auszubreiten.

Luisa war ein fröhliches Kind, das ständig in Bewegung war und von Eltern, Verwandten und der Kinderärztin für eine Frühentwicklerin gehalten wurde.

*Klärung der Vorgeschichte und der Entwicklungsstörung aus der Sicht der Psychologie*

Dann kam die schicksalhafte Reise. Die Eltern fuhren mit Luisa zum ersten Mal in das mütterliche Großelternhaus nach Sizilien. In wenigen Tagen machte Luisa eine totale Wesensveränderung durch, und alles, was sie einmal konnte, war plötzlich weg. Die Eltern konnten sich keinen Vorwurf machen, denn sie haben das Haus nie ohne das Kind verlassen.

Wir versuchen zu rekonstruieren, was am »Tatort« geschah. Vieles können wir nur annehmen. Luisa sprach in der kritischen Situation nicht mehr und auch nicht bei der Vorstellung. Als das Mädchen das großelterliche Haus erstmals betrat, wirkte es entsetzt. Sie vermißte ihr Königreich aus Deutschland. Hier war alles, aber auch alles anders: die Möbel, die Menschen, das Essen, die Gerüche. Nichts befand sich mehr am alten Platz. Es gab kein Wohnzimmer und somit auch keine Wohnzimmerecke für das »Windelklo«. Wohl aus einem Bedürfnis heraus, sich das neue Revier auf ihre Art zu erobern, biß sie erst einmal alle Blumenblüten ab und »fegte« an-

schließend alle Blumentöpfe von den Fensterbänken. Als die Eltern dies nicht guthießen und sie ausschimpften, war Luisa beleidigt und hörte auf zu sprechen. Sie sprach nur noch mit sich selbst. Sie duldete keine Zärtlichkeiten mehr von den Eltern und ließ sich auch nicht mehr füttern. Am nächsten Morgen schien sie mit freundlicher Stimmung aufzuwachen. Sie rannte dann aber wieder unruhig in der ganzen Wohnung herum, und durch ein Versehen wurden ihr von einer Cousine beim Türeschließen die Finger eingeklemmt und gequetscht. Luisa war trotz sofortiger tröstender und liebevoller Zuwendung der Eltern untröstlich. Seit diesem Vorfall verweigerte sie nebst Sprechen und Essen auch noch das Trinken.
Um dem Mädchen mit der Rückkehr in das vertraute Milieu und dem Aufsuchen von ihr bekannten deutschen Ärzten aus dem Schock herauszuhelfen, fuhren die Eltern rasch nach Deutschland zurück. Luisa blieb beharrlich bei ihrer Verweigerung.
Schon bei der ersten Vorstellung gelang es ansatzweise, Luisa für das Essen zu gewinnen. Der Appetit kehrte in relativ kurzer Zeit zurück, aber die Rehabilitation ihrer geistigen Kräfte geschah auf einem mühsamen Wege, der über zwei Jahre dauerte. Obwohl die Familie therapeutisch begleitet und das Mädchen ambulant heilpädagogisch behandelt wurde (auf verhaltenstherapeutischer Basis), blieb die Sprache außer ein paar sinnlos geflüsterten Worten für ein Jahr aus. Erst zwei Jahre nach der ausschlaggebenden Erschütterung kehrte die Sprache wieder zurück, in der gleichen fröhlichen Art wie vorher, jedoch wesentlich kommunikativer und freier.
Neben der Sprachverweigerung, genannt »Mutismus«, bestand noch der Verdacht einer Intelligenzrückbildung und somit einer Gefährdung zur geistigen Behinderung. So wurden auch die Dienste der Frühförderung mit eingeschaltet. Außerdem zeigte das Mädchen auf eine beeindruckende Weise autistisches Verhalten. Sie verzichtete neben der verbalen Äußerung auf jede andere Art von Kommunikation, ausgenommen ganz dringliche Wunschäußerungen. Sie vermied den Blick- und Körperkontakt und zeigte keinerlei Interesse für eine Nachahmung. Ihr spontanes Handeln entbehrte jeglicher Neugier und produktiver Unternehmungen. Es beschränk-

te sich auf einige wenige schematische Manipulationen wie Anhäufen oder Aneinanderreihen von Gegenständen oder Auf- und Zudrehen eines Wasserhahnes. Dazwischen ließ sie das Wasser durch die Finger laufen. So ähnlich verhielt sie sich auch auf dem Spielplatz. Sie nahm keinerlei Notiz von den spielenden Kindern oder von dem Sandspielzeug, sondern ließ nur immer den Sand durch ihre Finger rieseln.

Nur einer Tatsache ist es zu verdanken, daß das Mädchen nicht geistig behindert wurde: Eltern und Therapeuten waren in ihrem Bemühen genauso hartnäckig und ausdauernd wie Luisa in ihrer Verweigerung. Vielleicht hätten andere, skeptische Fachleute sich den Kopf zerbrochen, ob es wohl eine »Pseudo«- oder eine organisch bedingte Behinderung sei.

Auf jeden Fall sorgt Luisa heute für immer neue Überraschungen, die zu einer »normalen« Behinderung nicht passen, sondern die eher den Verdacht der seelischen Ursache bestätigen. Eine entscheidende Wende trat ein, als besagte Cousine nach Deutschland zu Besuch kam. Als sie die Wohnung betrat, strahlte ihr Luisa entgegen und führte sie in ihre Spielecke. Sie ahmte die Cousine nach und fing an, mit ihr zu reden. Es sei vermerkt, daß diese Wende ohne therapeutische Beeinflussung eintrat.

## *Heiko*

### *Problemvorstellung*

Vor einigen Wochen wurde uns in unserer neuropädiatrischen Abteilung ein neunjähriger Junge vorgestellt, der nach einem Unfall in der Schule über rasende Kopfschmerzen und lähmungsartige Gefühle in Armen und Beinen klagte. Deshalb blieb er schon fünf Wochen dem Unterricht fern. Mehrere ambulante Untersuchungen brachten eher den Hinweis auf eine psychische Ursache.

*Vorstellung des Kindes*

Der schmächtige und blasse Bub wirkt wie »ein Häufchen Elend«. Er ist sprachlich und intellektuell sehr gewandt sowie höflich und entgegenkommend. Seine sprachlichen Äußerungen bestätigen den IQ von 135. Er ist in der Schule eindeutig der beste Schüler und hat zur Lehrerin eine gute Beziehung. Für die Eltern muß es eine reine Freude sein, ein solches Kind durch eine Adoption gewonnen zu haben.

Er hat in der Klasse auch Freunde, mit denen er die gleichen Interessen teilt und die sie auch außerhalb der Schule pflegen. »Welche denn?« ist meine obligatorische Frage. (»Sage mir, was du gerne spielst und was du einmal werden möchtest, und ich sage dir, wie du bist«.) »Oh, wir trainieren für den Beruf eines Kautionsjägers und für den Beruf eines Stuntmans. Man könnte auch die beiden Berufe gut miteinander verbinden«, erklärte er mir bereitwillig. Als er meine Verlegenheit bemerkt, hilft er mir gerne, meine Wissenslücken zu füllen, und klärt mich auf: »Ein Kautionsjäger nimmt sich eines unschuldig Verurteilten an und sucht in der ganzen Welt nach dem wahren Mörder und nach Beweisen gegen ihn. Mal muß er ein U-Boot benützen, mal sich von einem Hubschrauber abseilen oder von Dach zu Dach springen.« Ich folgere daraus, daß es sich um einen sagenhaften Sportsmann mit Köpfchen, einfach um einen Helden handeln muß. Er pflichtet mir bei und betont, daß sie dafür eifrig trainieren. Sie machen Bodybuilding, um starke Muskeln zu bekommen. So lassen sie sich von einer Treppe herunterfallen, stehen sofort wieder auf und tun so, als ob es nicht weh getan hätte.

Von den Eltern erfahre ich, daß das Bodybuilding bei ihrem Sohn schon zum Zwang geworden ist. Er sammelt nur Kataloge und Zeitungsausschnitte über muskelaufbauende Nahrung und spricht jeden Menschen zu diesem Thema an. Unter diesem Aspekt untersucht er auch das Fernsehprogramm. Er flicht in jedes Gespräch mit der Familie das Thema Bodybuilding mit ein. Ebenso fanatisch ist er in der Wahl des Essens, es muß muskelaufbauende Nahrung sein.

Die Eltern sind ein älteres, eher konservatives und sozial sehr engagiertes Ehepaar, das viele Jahre auf die Erfüllung seines Kinderwunsches sehnsüchtig gewartet hat. Es ist ihnen sehr recht, daß Heiko das Ideal im tapferen Helfen für den Schwächeren sieht und daß er ein starkes Selbstwertgefühl entwickelt. Deshalb geben sie ihm gerne nach und lassen ihn fortlaufend bestimmen, worüber gesprochen wird, was gekocht wird, und schützen das kleine Töchterchen nicht vor steter Bevormundung, genauer gesagt Beherrschung durch ihn. Sie finden alles in Ordnung. Nur das Ausarten in das Zwanghafte ist ihnen unheimlich.

Als sie den damals dreijährigen Buben adoptierten, war ihre größte Sorge, ob er wohl noch ein ausgewogenes Ich-Bewußtsein entwikkeln würde. Dem Vater, von Beruf Richter, und der Mutter, einer ehemaligen Sozialarbeiterin, sind die Gesetzmäßigkeiten einer Persönlichkeitsentwicklung nicht fremd. Sie gingen davon aus, daß das jüngste und körperlich schwache Heimkind von den älteren, verhaltensgestörten Heimkindern unterdrückt wurde. Es war ihnen klar, daß das Kind unter einem Mangel an Geborgenheit litt, da es als unerwünschtes Kind einer ledigen Studentin auf die Welt kam, die ihr Kind nicht einmal sehen wollte. Die leibliche Mutter konnte sich lange nicht zur Freistellung zur Adoption ihres Kindes entschließen, und so mußte der Bub drei Jahre im Heim bleiben. Wegen der Hospitalisierung kam typischerweise die Fremdelphase nicht auf. Eine Trotzphase wurde ebenfalls nicht beobachtet.

Selbstverständlich haben Eltern und Verwandte dem Kind zunächst alle Wünsche erfüllt. Der Bub sollte auf einem guten Boden seine Wurzeln schlagen. Als Heiko vier Jahre alt war, wurde die Adoption eines acht Tage alten Mädchens möglich. Es überraschte alle, daß Heiko in keiner Weise eifersüchtig reagierte, ganz im Gegenteil, er übernahm sofort die Helferrolle für das kleine Schwesterchen und verhält sich auch heute noch so.

*Klärung der Vorgeschichte und der Entwicklungsstörung aus der Sicht der Psychologie*

Eine Nachforschung in dem betreffenden Kinderheim ergab, daß der kleine Heiko nicht unterdrückt, sondern eher von allen anderen Kindern und den Betreuern verwöhnt wurde. Viele Kinder haben ihre Nachholbedürfnisse nach mütterlicher Fürsorge und unbeschwerter Freiheit in den kleinen Heiko hineinprojiziert und ihn herumgetragen, wie er wollte, mit ihm nach Herzenslust geschmust und gespielt, wann immer der kleine Heiko es sich wünschte. Im Haus der Adoptiveltern wurde dies alles fortgesetzt und verstärkt. Schon bei seiner Ankunft bestimmte er darüber, daß er nur gemixte Nahrung bekam, obwohl er mit besonderer Vorliebe an trockenen Nudeln kaute. Banane aß er nur, wenn sie mit einer Kuchengabel zerdrückt wurde; wurde sie mit einer normalen Gabel zerdrückt, lehnte er die Banane ab. Hatte ihm die Mutter eine festere Speise angeboten, machte er Terror, indem er schrie und die Mutter trat. Er ließ sich gerne tragen, niemals aber so, daß Blickkontakt entstand, sondern nur mit dem Rücken zum Träger. Es ging ihm mehr darum, zu sehen und irgendwohin befördert zu werden, als die hautnahe Liebe zu spüren und zu geben.

Um einer möglichen Eifersucht bei einer weiteren Adoption vorzubeugen, wurde Heiko – wie sonst bei der Ankunft eines weiteren Geschwisterchens – eingeprägt, daß er nun der Große sei und bei der Betreuung des Babys helfen darf. Heiko konnte die ihm zugeteilte Rolle gut übernehmen. Er spürte, daß er neben der kleinen Schwester in seiner Anerkennung und Zuwendung von Liebe überhaupt nicht zu kurz kam, ganz im Gegenteil wurde ihm stets vermittelt, wichtiger und stärker als seine Schwester zu sein. Er bekam neben den immerwährenden Zärtlichkeiten und den stets erfüllten Wünschen noch das Gefühl des souveränen Helfers. Von diesem Zeitpunkt an wurde neben der Rolle des Stärksten noch das Helfen und das Leisten zur Garantie seiner Sicherheit. Freunde des Hauses fühlten sich bei Besuchen, als wären sie zur Audienz von einem gütigen kleinen König empfangen. Er selber bestimmte die Gesprä-

che mit seinen altklugen Fragen. Aufgrund seines unauffälligen Verhaltens – in Gegenwart der Gäste hätte sich die Mutter nie getraut, ihm etwas anderes als eine gemixte Speise zu servieren – und aufgrund seiner Vorgeschichte kamen ihm alle entgegen.
Der Unfall in der Schule hatte sich folgendermaßen ereignet: In der Pause übten Heiko und seine Klassenkameraden Karate. Er rutschte aus und schlug mit dem Kopf auf eine Tischkante. Heiko berichtete weinend, daß es so weh getan habe, daß er in Gegenwart der Schulkameraden habe weinen müssen. Die Mitschüler haben ihn dann nach Hause gebracht.
Jetzt schienen für Heiko alle Sicherheiten, die er besaß, verlorengegangen zu sein: Er verlor die Tapferkeit, denn ein Tapferer weint nicht, er konnte sich nicht mehr auf sein schnell reagierendes Köpfchen verlassen und auch nicht auf seine Muskelkraft, nicht er war der Helfer, sondern die anderen mußten ihm helfen. Nicht er war der Mächtigste, sondern der Besiegte. Der seelische Schmerz des Verlustes und der Enttäuschungen nistete sich bohrend in seinen Kopf und in seine Muskeln ein.

## *Michael*

### *Problemvorstellung*

Michaels Eltern sind beide Lehrer. Die Mutter ist seit der ersten Schwangerschaft nicht mehr berufstätig. Nach Michael kamen in jeweils zweijährigem Abstand noch zwei weitere Kinder zur Welt.
Das Problem des heute achtjährigen Michael ist eine Taubheit, Verhaltensstörungen und der Verdacht auf eine geistige Behinderung. Alle Versuche, ihm das Ablesen von den Lippen beizubringen, sind bis heute gescheitert. Deshalb erscheint er den Lehrern der Gehörlosenschule, in der er seit zwei Jahren ist, für den Besuch dieser Schule zu unreif. Sie empfehlen eine Umschulung in eine Schule für geistig Behinderte mit Hörproblemen. Diese wiederum ist so weit vom Wohnort entfernt, daß dann eine Heimaufnahme in Erwägung

gezogen werden muß. Die Eltern vermuten, daß sie irgendwann einmal um eine Heimaufnahme nicht herumkommen, sie halten aber den derzeitigen Zeitpunkt für viel zu früh, gerade für dieses Sorgenkind, das in seinem Leben auf so vieles verzichten mußte. Die Lehrer sind gegenteiliger Meinung, ihrer Ansicht nach würde dem stark verhaltensgestörten Jungen eine vorübergehende stationäre Heimaufnahme nicht schaden.

Laut Schulbericht macht der Junge im Unterricht, was er will. Er könne sich nicht unterordnen und zeige keinerlei Interesse. Er spiele sich in den Mittelpunkt (wahrscheinlich aus einem Leerlauf heraus, vielleicht auch, um zu provozieren), indem er sich während des Unterrichts nackt auszieht, die Schüler scheinbar grundlos und ohne Vorwarnung schlägt, deren Hefte zerreißt und so weiter.

Wegen seiner mangelnden Aufgabenbereitschaft erschien er den Lehrern und Psychologen testunfähig. Sie waren deshalb davon überzeugt, daß er weniger intelligent sei. Michael könne sich zwar ausziehen, aber nicht anziehen. Er könne nicht mit der Schere umgehen und zeige für Bilder keinerlei Verständnis. Er ahme Kommunikationsgebärden wie Kopfnicken, Winken u.a. nicht nach. Unter diesen Voraussetzungen bleibe wenig Hoffnung, daß der Bub das Ablesen von den Lippen erlernen wird.

Die Eltern beobachten daheim ein ganz anderes Verhalten bei ihrem Kind. Michael kann sich selbst anziehen und er kann auch – sehr zum Leidwesen der Mutter – mit der Schere umgehen, indem er ihre Kochbücher zerschneidet. Er zeigt ein gutes Bilderverständnis und zwingt den Vater, Bilder aus den Büchern der Geschwister für ihn nachzuzeichnen. Er kann sogar mehrere Wortbilder lesen. Das aber wollen die Lehrer nicht wahrhaben. Sie äußern dafür diskret den Verdacht, daß die Eltern sich immer noch nicht mit der Behinderung des Kindes abfinden können. Zwei Beobachtungen der Schule decken sich mit denen im Elternhaus: Michael ahmt keine Gebärden nach und er zieht sich besonders gerne in Gegenwart von Besuch nackt aus, um dadurch Aufmerksamkeit zu erreichen.

Meine Aufgabe sollte es nun sein, die Intelligenz des Buben zu beurteilen und bei der Wahl der Schulart mit zu entscheiden.

*Vorstellung des Kindes*

Michael ist ein hübscher, gut gewachsener Junge mit einem wachen Blick. Blitzschnell überblickt er in meinem Sprechzimmer, was erlaubt und was verboten ist (was als Zeichen von Intelligenz zu bewerten ist). Noch bevor wir alle Platz genommen haben, wühlt er schon auf meinem Schreibtisch herum und findet eine Schere, mit der er ein Kabel durchschneiden will. Auf mein energisches »Nein« läßt er sich die Schere wegnehmen und zur Spielecke führen. Dort ist er am Spielzeug überhaupt nicht interessiert. Er erforscht wieder den Raum und entdeckt einen Korb, gefüllt mit Äpfeln. Er nimmt jeden einzelnen Apfel in die Hand, beißt hinein, spuckt ihn wieder aus und legt den Apfel in den Korb zurück. Ich habe diese Szene als spontanen Test ablaufen lassen, ohne mich einzumischen. Jetzt bitte ich die Eltern, den Jungen entweder neben sich hinzusetzen oder mit ihm in die Spielecke zu gehen. Beides ist nicht möglich. Michael wehrt sich wie ein wildes Tier, er schlägt, tritt und beißt. Die Eltern zwingen ihn gemeinsam, auf dem Schoß eines Elternteiles zu bleiben. Nach einer halben Stunde beruhigt sich Michael wieder. Die Eltern berichten, daß sie es in der letzten Zeit immer so machen. Sie haben etwas vom »Festhalten« gehört, das den Autisten helfen soll. Sie empfinden zwar ihren Sohn nicht als autistisch, aber sie fühlen sich von ihm nicht richtig wahrgenommen – und da dachten sie, das »Festhalten« könnte auch Michael helfen. Und es hat schon geholfen, sie finden ihn ansprechbarer als vorher.

*Klärung der Vorgeschichte und der Entwicklungsstörung aus der Sicht der Psychologie*

Michael mußte schon im Mutterleib mit Problemen leben. Die Mutter hatte im fünften Schwangerschaftsmonat einen schweren Autounfall, der eine sofortige Operation mit Narkose notwendig machte. Weil sie bewußtlos und ohne Begleitung war, konnten die Ärzte nicht über die Schwangerschaft informiert werden. Michael kam vier Wochen zu früh auf die Welt und wurde gleich vierzehn Tage im Brutka-

sten betreut. Nach der Entlassung aus dem Krankenhaus schien zunächst alles in Ordnung zu sein. Michael war ein tüchtiger Schreier, der immer sofort am Körper der Mutter oder des Vaters Trost bekam. Die soziale Entwicklung wie Blickkontakt und das Erwidern des Lächelns verlief altersgemäß. Erst bei kleinen »Kuckuck-Spielen« fiel auf, daß Michael nur dann die Bezugsperson suchte, wenn er das Sich-Verstecken vorher mit den Augen verfolgen konnte. Er reagierte nicht auf das Rufen. Mit neun Monaten wurde dann die totale Gehörlosigkeit diagnostiziert. Um die weitere Entfaltung der Kommunikation nicht zu bremsen und um ihm zu zeigen, daß die Eltern ihn verstehen, bemühten sie sich, auf alle seine Regungen einzugehen. Sie reagierten auf jedes Augenzwinkern und Zeigen durch Ausstrecken der Händchen.
Das Kind gedieh, und niemand bemerkte, daß ihm etwas fehlte. Es war humorvoll, zufrieden und immer zu Streichen aufgelegt. Michael war nie von einem Schnuller oder einem ähnlichen Ersatzobjekt abhängig. Sein Spielverhalten wich nicht vom sogenannten Normalen ab: Er verpflegte Stofftiere und Puppen, so als wären es Menschen, was wiederum beweist, daß sein Symbolverständnis vorhanden war. Die Verständigung mit ihm war allerdings sehr schwierig. Die Eltern hatten immer den Eindruck, daß sie das Kind besser verstehen als umgekehrt es sie, was ihnen im Hinblick auf die schwere Sinnesschädigung einleuchtend erschien.
Zusätzlich zur Gehörlosigkeit wurden leichte Koordinationsstörungen im Bereich des Gleichgewichtes und der Bewegungsvorplanung diagnostiziert. Daraus wurde die Ursache für die verzögerte Nachahmung und die Unruhe des Kindes abgeleitet. Es wurde vermutet, daß er, von seinem Interesse für die Umwelt her gesehen, gerne mehr unternommen hätte, doch die mangelnde Bewegungssicherheit gestattete ihm dies nicht. Das wiederum habe zur Unzufriedenheit mit sich selbst, zu einer inneren Verspannung und zur Unruhe beigetragen.
Die Welle der Störungen »schwappte« gewissermaßen über, als eine weitere Schwester auf die Welt kam. Die Abwesenheit der Mutter während der Entbindung verunsicherte den Jungen so, daß er bei

Krankenhausbesuchen den Blickkontakt zu ihr mied. Er versöhnte sich erst wieder mit der Mutter, als sie nach ihrer Entlassung ihn besonders verwöhnte. Sie konnte dies machen, weil die kleine Tochter »pflegeleicht« war. Als sich aber das Mädchen fortbewegen konnte und mit ersten Worten und viel Charme die Herzen aller gewann, wurde Michael immer unzufriedener, provokativer und destruktiver.
Bei der Untersuchung seiner spontanen Aktivitäten – die übrigens wesentlich aussagekräftiger sind als herkömmliche Tests, da das Kind hier frei sein Können zeigt –, fallen uns einige Ungereimtheiten auf:
Die gestörte Bewegungsvorplanung kann schlecht für die mangelnde Nachahmung verantwortlich gemacht werden. Michael versteht seit ca. einem halben Jahr kleine Klatsch-Spiele, und diese machen ihm auch Spaß. Jedoch ahmt er sie nicht nach, sondern führt dem Partner die Hände und übernimmt die Spielleiterrolle.
Ebenso dürfte er keine Probleme bei der visuellen Differenzierung und deren Einspeicherung haben, denn sonst könnte er nicht lesen.
Die Eltern beobachten, wie Michael die Ski-Gymnastik und die Aktivitäten eines Zauberers im Fernsehen nachahmte. Sobald er sich aber beobachtet fühlt, hört er damit auf. Bei diesen Bewegungen sind viele dabei, die er nicht mit den Augen kontrollieren kann – wie zum Beispiel beim Klatschen –, sondern bei denen er sich auf seine Bewegungsvorplanung verlassen muß. Daraus läßt sich ableiten, daß Michael die wesentlich einfacheren Bewegungen der Gebärdensprache beherrschen müßte. Offensichtlich fehlen ihm andere Voraussetzungen dazu, nämlich eine Anpassungsbereitschaft zur Kommunikation mit anderen Menschen und eine Anpassung an vorgegebene Verhaltensregeln.
Solange diese Grundvoraussetzungen für eine soziale Entwicklung fehlen, kann auch die Intelligenz nicht exakt beurteilt werden, da beide Fähigkeiten in einer Wechselwirkung zueinander stehen.
Wir gewannen den Eindruck, daß das mangelnde Ablesen von den Lippen wohl mehr auf eine Sperre im Sozialverhalten zurückzuführen ist und nicht auf eine Denkschwäche.

# Eine erste Skizze des Störungsbildes herrschsüchtiger Kinder

Wenn wir, stellvertretend für viele andere Kinder, aus diesen vier Fallgeschichten die Gemeinsamkeiten nennen, so lassen sich folgende Tendenzen – Tendenz im Sinne von »meist« und nicht »immer« – erkennen:

1. Die *Eltern* haben keine extremen Erziehungsansichten, sondern ganz normale. Sie gehören eher der Mittelschicht oder auch dem Kreis der Akademiker an. Die »anti-autoritäre Welle« haben sie schon lange als Gefahr erkannt. Sie möchten als elterliche Autorität den beginnenden Willen ihres Kindes nicht brechen, sie sind aber auch von der Notwendigkeit, Grenzen zu setzen, überzeugt. Um so mehr wundern sie sich, warum ihnen dieses Vorhaben ausgerechnet bei ihrem Problemkind nicht gelang. Sie haben doch die älteren Geschwister zu sozialen und selbstbewußten Persönlichkeiten erziehen können. Sofern die Eltern Lehrer sind, haben sie sogar ohne große Strenge die Disziplin in einer ganzen Schulklasse aufbauen können. Die Mutter eines herrschsüchtigen Kindes, Lehrerin von Beruf, fragte mich einmal verzweifelt: »Wie kommt es, daß mir dreißig Kinder in der Klasse folgen, und mein eigener Sohn hat keine Achtung vor mir?«

In allen Fällen liegen *geordnete Familienverhältnisse* vor. Die Spannungen in den Beziehungen zueinander sind nicht größer als in anderen Familien und scheiden somit als Mitauslöser für das Problem aus. Falls doch außerordentliche Spannungen auftreten, dann erst zu dem Zeitpunkt, wo man sich gegenseitig die Schuld über die Verhaltensstörungen des Kindes zuweist und in Streit über die Reaktionen auf die Störungen gerät.

Die Mütter dieser Kinder setzen sich zwar alle für die eigene Emanzipation ein, aber die meisten haben ihre Berufstätigkeit dem

Kind zuliebe aufgegeben, denn sie wollten ihre Kinder nicht einer Massenbetreuung ausliefern. Sie spüren erst dann die eigene Versklavung durch ihr Kind, wenn dieses zum Herrscher geworden ist.

2. Der *Intelligenzgrad* der herrschsüchtigen Kinder streut von der geistigen Behinderung (bedingt durch organischen Hirnschaden oder Mongolismus u.a.), bis hin zur genialen Begabung. Offensichtlich spielt die Intelligenz bei der Entstehung der Herrschsucht keine bedeutende Rolle.

3. Die *Geschlechtsverteilung* zeigt, daß eindeutig mehr Jungen als Mädchen herrschsüchtig sind. Die Verteilung zuungunsten der Jungen ist auch bei Frühgeburten, MCD (Minimale Cerebrale Dysfunktion, das bedeutet minimale Teilleistungsstörung), Legasthenie, Autismus u.a. zu beobachten, aber am massivsten ist sie bei der Herrschsucht. Nach vorläufigen, groben statistischen Ermittlungen kommen auf ein Mädchen ca. fünf Jungen. Die Erklärung hierfür liegt auf der Hand. Es gehört zu den herkömmlichen Erwartungen, den Sohn zu einem willensstarken Kerl, zum Stammhalter großzuziehen; ihm wird viel mehr als einem Mädchen verziehen. Väterlicherseits werden auf den Sohn eigene unerfüllte Wünsche nach Selbstbehauptung übertragen, mütterlicherseits wird die Lust, den Jungen zu verwöhnen, erotisch gefärbt – man spricht ja von »Muttersöhnchen« und nicht von »Muttertöchterchen«.

4. Jedes dieser Kinder befand sich in den ersten zwei Lebensjahren in einer *besonderen Situation* innerhalb der kleinen Familie:

- *Als Einzelkind:* Bedenken wir, daß mehr als ein Drittel aller Kinder, nämlich etwa fünfunddreißig Prozent, als Einzelkinder aufwachsen.[2] Erik Blumenthal schreibt: »Ein einziges Kind genießt oft seine Stellung als Mittelpunkt des Interesses eines kleineren oder größeren Erwachsenenkreises und ist ungewöhnlich stark an seiner eigenen Person interessiert.«[3]
- *Als Erstgeborenes:* In dem kritischen Kleinkindalter war jedes Kind zuerst einmal das Einzelkind. Victor Louis formuliert etwas überspitzt: »Jedes Erstgeborene trägt mit sich ein potentielles Kainsmal.«[4]

• *Als jüngstes Kind,* das in großem Abstand zu den älteren Geschwistern auf die Welt kam und somit auch als Einzelkind aufwuchs. Es hat unter Umständen weit mehr Nachgiebigkeit erfahren, weil die Eltern schon im Großelternalter waren, in dem man normalerweise seine Erziehungsaufgaben schon erfolgreich hinter sich hat und nun das Enkelkind verwöhnen darf. Die älteren Geschwister reagierten nicht mehr eifersüchtig auf das Neugeborene. Sie betrachten es eher als Spielzeug.

Die von mir beobachtete Anhäufung der Herrschsucht hauptsächlich bei den jüngsten und ältesten Kindern korreliert übrigens weitgehend mit den Erfahrungen von Alfred Adler, der den Einfluß der Position in der Geschwisterreihe auf die Unterschiedlichkeit der Entwicklung eines Geltungsbedürfnisses und der Entstehung eines Minderwertigkeitsgefühls erforschte. »Vieles ist natürlich für Kinder mit demselben Zuhause gleich, aber durch die Stellung in der Geschwisterreihe ist die psychische Situation eines jeden Kindes individuell und unterscheidet sich von den Geschwistern.«[5]

• *Als Adoptivkind*, bei dem sich die Adoptiveltern besonders bemühen, die unbezweifelbaren Nachholbedürfnisse nach Bindung und Urvertrauen zu sättigen, und die das Kind von ihrer Liebe überzeugen wollen. Unterschwellig spielen auch eigene Nachholbedürfnisse nach Liebe eine Rolle.

• *Als erst-adoptiertes Kind*, bei dem sich die Chancen und Gefährdungen, die wir beim Adoptivkind und beim Erstgeborenen antreffen, multiplizieren.

• *Als farbiges Adoptivkind*, an dessen Willens- und Selbstbewußtseinsentwicklung die Adoptiveltern besonders interessiert sind, um ihm in unserer ausländerfeindlichen Welt die Chance der Selbstbehauptung zu geben. Außerdem genießt es wegen seines anderen Aussehens mehr Bewunderung in seiner nächsten Umgebung und in der Öffentlichkeit.

• *Als gefährdetes Kind*, sei es durch Krankheit, durch Sinnesschädigung, körperliche oder geistige Behinderung. Darunter fallen auch die Kinder, die unter spastischer Bronchitis, Anfällen, Atemnot und Atemanhalten (apnoische Zustände) leiden, Kinder, die unter Zwang krankengymnastisch behandelt werden (zum Beispiel nach Vojta), Kinder, die große Handicaps in ihrer Selbstverwirklichung und Kommunikation haben. Ihnen allen wurde großes Mitleid entgegengebracht und der Wunsch, ihnen das zu ersetzen, auf das sie außerhalb des Elternhauses verzichten müssen.

5. Inwieweit eine *Störung der Urgeborgenheit* mit der Geburt einhergeht, bleibt wohl im Dunkeln. Fest steht jedoch, daß das Er- und Ausleben der symbiotischen Verbindung und Bindung zur Mutter stets bei allen Kindern mit Störungen verbunden war.

6. Oft wird berichtet, daß es sich zuerst um ein *leicht zu pflegendes Kind* gehandelt habe. Im Alter von sechs Monaten bis zu ca. zwei Jahren sei bei den Kindern eine *Wende* eingetreten, verbunden mit hektischer Unruhe. Die Wende ereignete sich in der Vorstufe der Ich-Identität, also noch vor dem Ausbruch der Trotzphase und fiel zusammen mit besonderen Umständen, die die volle Aufmerksamkeit der Eltern erforderten, beispielsweise dem Zahnen, Impfungen, der Nahrungsumstellung, Schlafstörungen, Krankheiten oder dem zunehmenden Fortbewegungsdrang des Kindes.

Häufig täuschte die temperamentvolle und umtriebige Art über die krankhafte Unruhe hinweg. Die Eltern freuten sich über die quicklebendige Unternehmungslust ihres Kindes und ließen sich von ihm »auf Trab« halten, ohne zu bemerken, daß sich hier schon eine Herrschsucht anbahnte (Fall Luisa).

7. Im Hinblick auf die *Persönlichkeitsentwicklung* ereignen sich beeindruckende Abweichungen vom Normalen, die ich nun kurz aufliste. Erst in den nächsten Kapiteln stelle ich mir die Aufgabe, den Zusämmenhängen zwischen der Herrschsucht und diesen Abweichungen versuchsweise nachzugehen. An dieser Stelle betone ich lediglich, daß es sich um Folgen der Blockierung in jener Stufe der Persönlichkeitsentwicklung handelt, in der das Kleinkind die allmächtige Beherrschung der Umwelt als seine zuverlässigste Erfahrung erlebt.

Bei der Analyse der Vorgeschichte fällt häufig auf, daß die *Fremdelphase* (etwa um den achten Monat) und die *Trotzphase* (etwa zwischen zwei und zweieinhalb Jahren) ausgeblieben sind. Die El-

tern geben an, daß das störrische Verhalten sehr früh, eben in der Zeit der Fremdelphase, einsetzte »und bis heute dauert«, obwohl das Kind schon zur Schule geht.
Bei weniger intelligenten Kindern oder bei überdurchschnittlich einseitig-technisch begabten Kindern mit Neigung zur Introversion beobachten wir ein *verzögertes Einsetzen der Ich-Form* in der Sprache. Damit einher geht oft eine *Neigung zur Rückbildung* des Leistungsvermögens und des Persönlichkeitsaufbaues (Regression).
Die Kinder waren tagsüber selten vom Schnuller abhängig, sie benutzten ihn – wenn überhaupt – nur zum Einschlafen. Die sogenannten »Übergangsobjekte« oder »Übergangsphänomene« – gemeint sind damit nicht die eigenen Körperteile – wie zum Beispiel der Daumen – oder die mütterlichen, sondern Schmusetuch oder Teddy – im Sinne von Winnicott und Mitscherlich, die bis ungefähr zum Ende des ersten Lebensjahres einsetzen und mit zunehmender Loslösung von der Mutter wieder aufgegeben werden, wurden entweder von diesen Kindern gar nie benützt oder es entstand eine jahrelange Abhängigkeit davon.
Häufig wird neben dem zwanghaften Bestehen auf bestimmte Gegenstände oder Abläufe eine Abhängigkeit vom Sammeln beobachtet. Die stärkste narzißtische Abhängigkeit scheint aber auf das Herrschen bezogen zu sein. Jedenfalls steckt hinter all diesen Störungen die ausgebliebene Loslösung und Individuation des Kindes.
*Dem Herrschsüchtigen gelingt die Loslösung überhaupt nicht oder nur teilweise.* Eine teilweise Loslösung ist zwar ein Widerspruch in sich, aber typisch und krankhaft beim Herrschsüchtigen. Er bindet sich immerwährend und symbiotisch an bestimmte Persönlichkeitsmerkmale der Mutter oder an bestimmte Lebensbereiche von ihr und übt hier seine Macht aus. Je mehr er die Mutter in seine Macht mit einbezieht, um so weniger kann er sich von ihr lösen.
8. Es wird beobachtet, daß das herrschsüchtige Kind die Macht in *bestimmten Territorien* ausübt und jeder Lebensbereich eigene Verhaltensregeln erhält (Fall Michael). Manchmal wird eine scharfe Grenze zwischen den Bereichen gezogen, zum Beispiel »Gassenengel« und »Hausteufel«. Man hat zeitweise den Eindruck, daß »zwei

Seelen in der Brust« des Kindes sind. Dann wieder wird punktuell die Macht ausgeübt – etwa wenn es auf einer ganz bestimmten Speise besteht oder auf einer bestimmten sozialen Rolle.
9. Allgemein fallen im *Verhalten* eine ausgeprägte Ichbezogenheit, rechthaberische Ansprüche und das stete Bedürfnis, im Mittelpunkt zu stehen, auf. Hierzu eine unvergeßliche Episode: Ein siebenjähriger Junge entdeckt beim Betreten einer ärztlichen Praxis eine Fotomontage mit vielen Kindergesichtern und fragt empört: »Warum hänge ich da nicht?« Das herrschsüchtige Kind ist in der Wahrnehmung und Ausbreitung seiner Rechte unersättlich, ein Faß ohne Boden.
Die Ansprüche entsprechen einem *Allmächtigen.* Mißerfolge sind unerträglich. Der Herrscher kann nicht verlieren. Ein »Mensch-ärgere-dich-nicht«-Spiel kann zu einem Drama werden. Tätigkeiten, bei denen das Kind ungeschickt ist, werden sofort aufgegeben. Es treten häufig *Unruhe* und Rastlosigkeit in Form von nervösen Bewegungen und Nicht-warten-Können auf. Fremdem Eigentum und fremden Menschen gegenüber zeichnet sich das herrschsüchtige Kind durch *Distanzlosigkeit* aus.
Stets prüft das Kind die Umwelt auf ihre Beherrschbarkeit. Bei oft nicht vermeidbaren Mißerfolgen wird mit Quengeln und Nörgeln reagiert.
Das extreme Kleben an bestimmten Dingen oder Tätigkeiten wird zur zwanghaften Abhängigkeit. Über die Eßmarotten der herrschsüchtigen Kinder könnte ich allein ein Buch füllen. Einige Beispiele: vom Fleisch nur paniertes Schnitzel, nur Fischstäbchen, nur die Haut vom Hähnchen, Hackfleisch nur mit Tomatensoße, vom Gemüse nur Spinat, vom Obst nur Blutorangen, wenn schon kauen, dann nur trockene Nudeln usw. Viel stärker als Bevorzugung bestimmter Speisen tritt *zwanghafte Verweigerung angebotener Speisen* auf – dadurch wird erst die Bevorzugung bestimmt. Die Frage: »Was ißt das Kind gerne?« ist einfacher zu beantworten als die Frage, was es verweigert. Ich kenne Kinder, die sich von der Muttermilch auf festere Nahrung nicht umstellen ließen, künstlich ernährt werden mußten und lieber mit der Sonde in der Nase herumgelaufen sind. Auch die therapeutischen und erzieherischen Künste

des Krankenhauspersonals und der Erziehungsberatungsstellen schlagen fehl. Weder Hungern noch Aussicht auf lukrative Belohnung können das Kind von seinem störrischen Verhalten abbringen. Bei Leistungen können die Zwänge ähnlich punktuell ausgeprägt sein. Ich weiß von einem Mädchen, das nur lernt, wenn es Perlonstrümpfe oder eine extravagante Haarspange in Aussicht gestellt bekommt, sie lernt nur für diese bestimmte Belohnung.
10. Im Bereich des *Sozialverhaltens* mangelt es an der elementaren Anpassungsfähigkeit, das heißt bereit zu sein, die Bedürfnisse des Gegenübers wahrzunehmen, sich in diese einzufühlen und kompromißbereit zu sein. Der Herrschsüchtige bestimmt selbst die Form seiner Anpassung, zum Beispiel folgt und hilft er nur, *wenn er Lust dazu hat*. Diese absolut egoistische Haltung macht sich auch beim Austausch von Zärtlichkeiten bemerkbar, ohne daß es den Müttern – wegen ihrer Verliebtheit in das eigene Kind – zunächst auffällt.
Je nach Intensität und Takt, mit denen das Kind die Eltern zur Wunscherfüllung auffordert, fühlen sich die Eltern entweder ausgenommen und ausgenutzt, oder sie meinen, das Kind könne jeden, aber vorzugsweise die Frauen, mit Charme »um den Finger wikkeln«. Ich kann manchmal die Bemerkung nicht unterdrücken, daß ich mit diesen Eigenschaften versehen eigentlich nur einen Beruf kenne, nämlich den des Zuhälters. Mit diesem Vergleich stoße ich leider nicht auf Widerstand, sondern löse bei den Eltern Traurigkeit und bestenfalls ein offenes Gespräch aus.
Die Eltern beschweren sich zwar über das *mangelhafte Mitgefühl* ihres Kindes und sein rücksichtsloses Benehmen, es fällt ihnen aber schwer, dem Kind Vorwürfe zu machen. Es handle doch nicht mit Absicht, es wisse nicht, was es tue. Es verweigere nicht das Mitgefühl, sondern es wisse gar nicht, was das ist. Eigenartigerweise hat das gleiche Kind aber klare Vorstellungen davon, wie das Gegenüber sich einzufühlen hat, also weiß es doch, worum es geht. Sein Fühlen ist nicht auf den anderen, das Gegenüber, gerichtet – altruistisch –, sondern auf sein eigenes Ich (ego) bezogen.
Das Kind reagiert überempfindlich auf Kritik und kann eigene Fehler nicht zugeben. Wegen seiner mangelhaften Kompromißbe-

reitschaft gelingt ihm die partnerschaftliche Beziehung zu Gleichaltrigen nicht. Es bevorzugt die Freunde, die sich ihm anpassen, und dies gelingt am besten bei wesentlich älteren oder jüngeren Kindern.
Solange in der Geschwistergruppe keiner an seinem Thron rüttelt, muß es keine Machtkämpfe führen. Das herrschsüchtige Kind fühlt sich als der Stärkste, stärker als der ältere Bruder und geliebter als das Baby – einfach konkurrenzlos. Seine positive Beziehung zu einem neugeborenen Geschwisterchen wird oft von den Eltern irrtümlicherweise als hohe soziale Einstellung bewertet.

Über *das Lernen* entscheidet der Herrschsüchtige selbst, indem er jeden Verdacht der Schwäche und Unterlegenheit sofort verzweifelt abwehrt. Er konzentriert sich nur auf die Inhalte, die ihm liegen, und das auch nur, solange er will; eine Einstellung, die gekoppelt mit guter Intelligenz und Wißbegierde, eigentlich optimal erscheinen könnte. Probleme treten dann auf – und erst dann –, wenn sich das Kind bei Schwierigkeiten, die von außen herangetragen werden, überwinden und anpassen muß.
Sobald das herrschsüchtige Kind bei einem Erzieher nicht mehr im *Mittelpunkt* steht, empfindet es jede Anforderung als Erniedrigung, als Grund zum Protest. Es wehrt sich so vehement *gegen jede erzieherische und therapeutische Beeinflussung*, daß es gegen diese Maßnahmen immun, *resistent* erscheint.
Spiele, die wegen ihrer schematisch-funktionellen Übersichtlichkeit leicht beherrschbar sind, werden bevorzugt. Quer durch alle Intelligenzgrade ist deshalb *das technische Spielzeug* besonders beliebt: Es ist bestens manipulierbar, und ein Spielpartner, dem man sich anpassen müßte, erübrigt sich. Es wird ein Knopf gedrückt und das Auto saust hin und her, nach links und rechts, wie der Steuermann befiehlt. So stehen Matchbox-Autos, Autos mit Fernbedienung, Computer usw. an erster Stelle der Wunschliste.
Zu den Hobbys gehört auch das Sammeln, ganz gleich, ob es sich um Briefmarken oder irgendwelche wertlosen Gegenstände handelt. Sie alle werden angehäuft, sortiert und aufbewahrt. Der Um-

gang mit den Sammelgegenständen vermittelt das Gefühl, ein kleines Königreich zu besitzen und darüber herrschen zu können.
Bei Rollenspielen – wenn sie überhaupt stattfinden – befaßt sich die Phantasie des herrschsüchtigen Kindes immer mit machtbesetzten Rollen, beispielsweise Polizeichef, Winnetou, Dracula, außerdem wird die Handlung immer von Aggressionen beherrscht. Nicht selten wird das variationsarme Rollenspiel schließlich rigide. Ein siebenjähriger Bub spielt seit zwei Jahren täglich mit seinen Playmobil-Männchen den Angriff auf den Berg Säntis, indem er als Befehlshaber ständig nur die Formationen verändert, und damit endet dann auch das Spiel.
Gibt man den herrschsüchtigen Kindern die Möglichkeit der *Projektion* in Traumberufe, Tiere, Fahrzeuge und ähnliches, sprudeln die mit Macht, Stärke und Dominanz besetzten Vorstellungen nur so hervor: Polizeichef, Tiergartendirektor, Tarzan, Rambo, Kranführer des größten Krans der Welt, Chefarzt, Popsängerin wie Nina Hagen, James Bond usw.
Ein Bub entschied sich für den Beruf des Bundestagspräsidenten. Als ich ihm entgegnete, daß man für diesen anspruchsvollen Beruf viel lernen müsse und er sich doch lieber einen anderen Beruf ausdenken solle, meinte er willig: »Dann eben Bundeskanzler.« Auf meine Frage, wie er sich die Ausübung dieses Berufes vorstelle, meinte er: »Ich erscheine jeden Tag auf der Titelseite der Stuttgarter Zeitung.«
Bei den Tieren fällt die Wahl auf den größten Gorilla, Dinosaurier, Hai, Blauwal, Löwe. Es geht den Kindern schwerpunktmäßig um das Erleben des Herrschens: »Vor dem Löwen haben andere Tiere und die Menschen Angst.« »Der Blauwal ist der größte aller Fische und ihm gehören alle Meere.«
Unter den Fahrzeugen sind Porsche, Rakete, Airbus und Polizeiauto mit Martinshorn bevorzugt. Es muß ein Fahrzeug mit Vorrang im Verkehr und es muß das schnellste Fahrzeug sein.

In der *sprachlichen Kommunikation* ist auffallend, daß die meisten Kinder nicht zuhören können. Die weniger intelligenten herrschsüchtigen Kinder neigen zur Verweigerung der Antwort, fragen aber selbst stereotyp, um eine ihnen bekannte Antwort zu hören oder um Wünsche erfüllt zu bekommen. Viele Kinder, gleich welcher Intelligenz, benützen die Sprache als Herrschaftsmittel. Sie fragen ständig »warum«, ohne eine Antwort zu erwarten, oder sie fragen zwar »wer oder was ist das«, aber nicht »was machst du? Hast du vielleicht zu etwas anderem Lust als ich? Tut dir etwas weh?« Erschreckend wenig Kinder berichten über eigene Erlebnisse, weder über Erfolge noch über Mißerfolge, so gut wie kein Kind über die Sorgen anderer Kinder – es sei denn, es handelt sich um Schadenfreude.

In der Lebensgeschichte dieser Kinder lauert irgendwo und irgendwann die *Entmachtung*. Der äußere Anlaß erscheint der Umwelt oft harmlos, aber vom Erlebnisaspekt des Kindes her gesehen ist er umwerfend: ein Umzug, die zunehmende Aktivität des jüngeren Geschwisterchens, die Eingliederung in den Kindergarten, die Konfrontation mit den Regeln und Anforderungen der Schule, das Erkennen eigener Schwächen im Vergleich mit anderen. Die Notwendigkeit, sich den Problemen anzupassen, ohne daß man Lust dazu hat, einfach weil man muß, wird als eine totale Gefährdung erlebt, auf die das betroffene Kind je nach Temperament, Mut und anderen Persönlichkeitsanlagen mit Depression oder Aggression reagiert.
Von diesem Zeitpunkt an ändert sich die *Beziehungsdynamik innerhalb der ganzen Familie:* Das Kind ist plötzlich schwierig und verliert die Pascharolle, es wird in Frage gestellt; bei der Suche nach der Ursache der Störung geraten die für das Kind verantwortlichen Erwachsenen durch die gegenseitigen Schuldzuweisungen in Spannungen.
Abschließend noch eine Beobachtung zur Häufigkeit: In Westeuropa (und ebenso in Japan) wird eine extreme Anhäufung der Herrschsucht bei Kindern beobachtet, die ab 1975 geboren wurden. In den USA brach diese »Epidemie« zehn Jahre früher aus – die heutigen Jugendlichen, die ihre Eltern schikanieren, gehören hierzu.
Der Kreis der Beobachtungen schließt sich, und es bleibt die Frage: Wo sind die Ursachen für die Herrschsucht zu suchen?

## Das Rätseln über die Ursachen

Kommt bei flüchtigen Gesprächen das Thema auf den kleinen Haustyrannen, hört man meist eine resolute, ungehaltene Antwort: »Das ist die Folge der antiautoritären Welle.« Falsch getippt! Diese Welle brachte zwar eine Menge erziehungsschwierige Kinder und Jugendliche hervor, die wenig Achtung vor ihren Eltern und allgemeinen Regeln haben, die wenig belastbar und haltlos sind, unter Sinnlosigkeit des Lebens leiden, zur Resignation und zum »Null-Bock-Syndrom« bzw. zur Zerstörung der sinnlosen Welt und der eigenen Person neigen, sie müssen aber nicht die Umwelt beherrschen. Oftmals suchen sie geradezu einen Halt an dem Starken, sei es ein Sekten- oder Bandenführer, ein einzelner oder eine Gruppe. Zugegeben, die antiautoritären Tendenzen haben eine Desorientierung gestiftet, auf die zum Beispiel die Angst der Eltern, den Willen des Babys zu beschneiden und dessen Ausuferung lieber zu dulden, zurückgeführt werden könnte. Dies allein kann aber die Ursache nicht sein.

Letzten Endes erinnern sich die Diskutierenden daran, daß es schon seit jeher solche Herrschsüchtigen gab. Man findet schon in der Bibel einen Herodes, dem einen kommt die herrische Schwiegermutter, dem anderen der Abteilungsleiter in den Sinn. Wohl seien sie schon als Kinder von Kopf bis Fuß bedient und mit Machtbefugnissen über andere Geschwister ausgestattet gewesen. Früher hat man sie eher als »Hoffärtige« bezeichnet. Die Gründe jedoch, daß das Phänomen heute derart gehäuft auftritt und daß es ausgerechnet in Familien passiert, die von vornherein keinen Tyrannen erziehen wollten, sind nicht zu fassen. Um das Unheimliche daran zu erklären, denkt man an Vererbung, denn »der jüngste Bruder von Opa sei auch so schwierig gewesen, er wurde zum gefürchteten Oberfeldwebel«, und man sucht auch bei der Astrologie Rat. »Kein Wunder, daß uns Alexander ausnimmt«, sagte mir seine Mutter. »Ich bin Schütze, der gerne Freiheit gewährt, mein Mann ist Waage und Alexander Skorpion. Im wahrsten Sinne des Wortes ein Skorpion. Und seine Lehrerin ist auch ein Skorpion. Da ist doch klar, daß sich die beiden nicht vertragen konnten!«

Schon anhand dieser wenigen Beispiele wird die Gefährlichkeit solcher Deutungen spürbar, die nur einer einzigen Ursache für ein so komplexes Geschehen nachgehen. Es wundert nicht, daß Eltern aus Verzweiflung und aus Unwissen heraus zu solchen monokausalen Vereinfachungen neigen. Sie suchen Hilfe bei Fachleuten. Diese aber neigen zu ähnlichen Denkfehlern. Aus lauter Angst vor Unwissenschaftlichkeit, die aus einem ungenauen Erfassen der Daten entstehen könnte, packen sie das Problem nicht in voller Breite an, sondern zerstückeln es lieber in meßbare, berechenbare Einzelteile. Aufgrund dieses mechanistischen analytischen Denkens kommt es, je nach Spezialisierung des Fachmannes, vor, daß das eine oder andere Einzelteil des Gesamten überbewertet wird und daß dann einer einzelnen Ursache eine unrealistisch hohe Bedeutung beigemessen wird. So neigen die Wissenschaftler dazu, entweder die Unruhe, die Konzentrationsstörungen oder den Einfluß der Massenmedien und dergleichen zu untersuchen. Die unter diesem schmalen Blickwinkel abgeleiteten Diagnosen und Hilfen fallen jedoch genauso schmalspurig aus und gehen oftmals am wahren Problem vorbei. So hätte man anstelle der Herrschsucht bei Alexander die von der Lehrerin verschuldete Schulphobie diagnostiziert. Bei Michael waren Fachleute geneigt, die geistige Behinderung mit Störung der vestibulären, taktil-kinästhetischen Funktion zu diagnostizieren und ein sensomotorisches Training zu empfehlen.

Im folgenden will ich einige dieser Interpretationsversuche auflisten, ohne sie in Frage zu stellen, denn jede hat ihre Berechtigung, sofern sie zum Verständnis der gesamten Problematik beiträgt.

• Die Annahme einer *biochemisch bedingten hirnorganischen Störung* kann zur Anordnung von Psychopharmaka führen. Nach Hochrechnungen des IMS (Institut für medizinische Statistik in Frankfurt) werden in der Bundesrepublik Deutschland pro Jahr allein 400 000 Hypnotika und Sedativa für Kinder unter zwölf Jahren verordnet, darunter befinden sich auch abhängigkeitserzeugende Schlafmittel. Außerdem wurden dieser Altersgruppe 100 000 Antidepressiva und erschreckenderweise 65 000 Tranquillizer und 225 000 Neuroleptika (das sind Mittel, die auf das Zentrale Nervensystem dämpfend wirken) verschrieben. Der Kinderarzt Dr. Walther berichtet von einer Informationstagung zu dem Thema »Psychopharmaka in der Erziehung« in Frankfurt: »Psychopharmaka werden oft bei Konzentrations- und Merkstörungen, bei Schlafstörungen und bei Unruhe und Hyperaktivität für Kinder verordnet. Nur in den allerwenigsten Fällen ist dies gerechtfertigt, etwa bei kindlichen Psychosen oder bei epileptischen Anfällen.«[6]

- Ähnliche Interpretationen finden wir bei Heilpraktikern und in der homöopathischen Medizin, die *phosphat-* und *bleihaltige Nahrung* allein für die Unruhe und die hohe Reizbarkeit des Kindes verantwortlich machen. Die Umweltverschmutzung sei schuld an allem Übel. So haben sich schon mehrere Eltern-Initiativgruppen gebildet, um auf ökologischer Basis Selbsthilfe zu praktizieren. Das alleinige Umstellen auf blei- und phosphatarme Kost läßt manches ernsthafte erzieherische Problem außer acht, ja kehrt es geradezu unter den Teppich.
- Vertreter der Theorien von *hirnorganischen Dysfunktionen und minimalen Hirnschädigungen* gehen davon aus, daß die Verhaltensstörungen, die Unzufriedenheit der Kinder in dem Spannungsfeld zwischen hoher Intelligenz und gestörter Durchführungsmöglichkeit entstehen. Infolgedessen meinen sie, daß den Kindern mit einer neurophysiologischen Reorganisation in Form eines Funktionstrainings auf neurophysiologischer Grundlage durch Ergo- und Physiotherapeuten geholfen werden kann. Es werden zusätzlich Aufmerksamkeitsschulungen auf verhaltenstherapeutischer Grundlage mit Belohnersystemen angeboten.
- Die breite Masse der Bevölkerung gibt dem *Fernsehen* die Schuld für die heutigen Verhaltensauffälligkeiten. Wahrscheinlich kann sich diese Meinung deshalb so verbreiten, weil man das Fernsehen im wahrsten Sinne des Wortes »vor Augen hat«, es zum täglichen Le-

bensinhalt und zum Gegenstand des Machtkampfes geworden ist. Die Mutter eines herrschsüchtigen Kindes, Studienrätin, berichtete: »Wer die Fernsteuerung besitzt, der hat bei uns die Macht und bestimmt, was wir alle wahrzunehmen haben.« Ein Vater sagt dazu: »Wenn ich meinem Sohn bei seiner Fernsehwahl nicht nachgebe, macht er einen solchen Terror, daß ich sowieso nichts vom Fernsehen habe, also gebe ich gleich nach und habe meine Ruhe.«

Das Fernsehen zerstört vielfach die familiäre Beziehungsdynamik, die kulturelle Beeinflussung und die Einstellung zu den Werten. Der auch bei uns bekanntgewordene Autor Neil Postman meint in seinem Buch »Wir amüsieren uns zu Tode«, daß das Fernsehen unsere Kultur in eine riesige Arena für show-business verwandelte, in der praktisch jedes Thema zur Unterhaltung angeboten wird.[7]

Weil das Fernsehen zur wichtigsten Freizeitbeschäftigung geworden ist und in seinen attraktiven Angeboten der Nachahmung Vorschub leistet, steckt es den Zuschauer mit Oberflächlichkeit, Leichtlebigkeit, Erfolgsdenken und Faszination von Kraft und Aggressivität an. Je häufiger und brutaler die Demonstration der Aggressivität dargestellt wird, um so eher geschieht die Abstumpfung, die Ansteckung vom und zum Bösen. So manches Kind orientiert sich am Vorbild von Rambo und He-Man, fasziniert durch die Macht brutaler Gewalt, ohne dabei die Chance zu bekommen, zwischen Gut und Böse zu unterscheiden. Viele Eltern haben daraufhin das Fernsehen eingeschränkt oder ganz verboten. Das Problem des herrschsüchtigen Kindes haben sie dadurch jedoch nicht gemildert.

- Eine andere Annahme sucht ebenfalls die Ursachen nicht bei den Betroffenen: Jeder Mensch wird durch sein Umfeld geprägt, ganz besonders das hilflose, kleine, manipulierbare Kind. Es ist wehrlos den Projektionen seiner Eltern mit ihren neurotischen Nachholbedürfnissen ausgeliefert, quasi das Opfer der eigenen Eltern. Jeder einzelne hat sein eigenes Lebensskript und behindert den anderen, so auch das Kind, in seiner persönlichen Entfaltung. Wenn diese genannten Verdachtsmomente als einzige Ursache gesehen werden, dann werden die Eltern der Familientherapie und das Kind einer non-direktiven Spieltherapie zugewiesen.

• Die Kritiker der *Genuß- und Wegwerfgesellschaft* sehen die destruktiven Störungen als Folge von Verweichlichung, Verwöhnung und Bequemlichkeit. Sie vermissen den natürlichen Raum, in dem man seine realen Kräfte messen und zu einem realen Selbstwertgefühl gelangen kann. Anstelle von Eigenaktivitäten bekommt das Kind das fertige Spielzeug, die fertige Nahrung und die fertige Musik vorgesetzt. Die Fertigstellung ist technisch perfekt und gut organisiert in einer Fabrik erfolgt. Der Gegenstand ist leicht ersetzbar und erfährt keine Wertschätzung mehr. Viele Kinder wissen nicht, woher Milch, Eier, Gemüse- und Obstkonserven kommen. Sie sehen den Supermarkt als Quelle und meinen, diese Dinge können wie ein Kaugummi benützt werden: kaufen, kauen und ausspucken.
• Als eine wichtige Ursache für die angestauten und nicht abgeleiteten Aggressionen wird der *Mangel an Spielmöglichkeiten und Spielplätzen* gesehen.
• Das größte Hindernis in der Entwicklung des Sozialverhaltens ist für viele aber die *Kleinfamilie*, die perfekt eingerichtet, mit allen Diensten versorgt, hermetisch abgeschlossen in ihren vier Wänden lebt. In einer solchen Kleinfamilie wächst wohlbehütet das Einzelkind auf. Ich kenne vierzehnjährige Kinder, die noch nie ein Stück Brot selbst mit dem Messer abgeschnitten haben, die noch nie Schuhe geputzt haben oder sich einen Knopf annähen, geschweige denn der Mutter helfen oder Pflichten übernehmen mußten. Warum auch – die perfekte Organisation unserer Konsumgesellschaft erfand den Einkaufswagen und die Tiefgarage. Sie nehmen uns das Gehen und das Tragen ab.
• Die Anwendung der *Computersprache* führt zur Verarmung des Denkens, und weil man sie als Mittel zur Kommunikation sowie anstelle der zwischenmenschlichen Kommunikation benutzt, wird auch die Sozialisation in Mitleidenschaft gezogen. Gleichzeitig aber vermittelt das mechanische Denken der Rechenmaschinen eindeutige Denkschlüsse, die der Tendenz der stark verunsicherten Leute, sich vor der unberechenbaren Vielfalt des Lebens zurückzuziehen, entgegenkommen. Das suchtartige Starren auf den Bildschirm der Computer ergriff schon die ganze Generation der Eltern, und es

bleibt zu fragen, inwieweit deren Denken, das die emotionale Lebendigkeit immer mehr dämpft, auch schon die Kinder infizierte.

- Die Kritik an dieser Gesellschaft und deren *Verschmutzung*, vom Waldsterben bis hin zu ethischen Werten, hat ihre Berechtigung. Aber bei der Beratung eines schwer verhaltensgestörten Kindes hat diese Betrachtung eine begrenzte Bedeutung. Bei der fast monumentalen Größe des apokalyptischen Problems fühlen sich viele Eltern ohnmächtig, so als wäre alles verloren, und neigen zur Resignation.
- Die Menschen sind an einem Kulminationspunkt angelangt, an dem sie die weitere Entwicklung als Gefährdung betrachten und innerhalb ihres bestehenden, durch Computer gesteuerten und den Gefühlen entfremdeten Kulturkreises echte Aktivitäten für *die Rückkehr zur Instinktgebundenheit* entwickeln. Im Interesse einer Erneuerung des Menschseins verzichten viele junge Eltern auf die Empfehlung ihrer Eltern, einer Generation, die in der ersten Hälfte des zwanzigsten Jahrhunderts von der Denkweise des amerikanischen Behaviorismus geprägt wurde. Der Höhepunkt dieser erfolgsbesetzten und rationellen Denkweise in der Lernpsychologie und Pädagogik war, daß es als schädlich empfunden wurde, Säuglinge zu verwöhnen und mit Trost auf ihr Weinen zu reagieren. – Es sei vermerkt, daß diese kühle Form der Kinderbetreuung zwar jede Menge neurotischer Abhängigkeiten von Ersatzbefriedigungen (eben auch die Computersucht) auslöste, aber keine spezifische Zunahme von Herrschsucht. – Die jungen Eltern kämpfen für die natürliche Geburt, für anschließendes rooming-in, um die Bindung zum Kind aufrechtzuerhalten, für das Tragetuch statt des Kinderwagens und für das Stillen. Diese Kampfbereitschaft für die Vermenschlichung bildete sich zunächst in den USA, wo auch die Verwüstung durch die Technokratie zunächst einsetzte und alsbald in die BRD und Japan überging. Und eben von hier kommen erschreckende Zahlen über die ins Uferlose geratenen Aggressionen und Destruktionen:
- in den USA ermittelten jüngste Statistiken zwei Millionen Eltern, die von ihren Kindern mißhandelt wurden.[8] (Vermerk der Autorin: Es handelt sich hier nicht um eine Verwechslung!)

- In der BRD begingen unter 100 000 Einwohnern 1870 Personen Selbstmord. Darunter fallen 1300 junge Menschen, die ihr Leben selbst beendeten[9], wobei bei Kindern ab dem achten Lebensjahr Selbstmord zunimmt.[10]

Die Kritiker, denen es nicht gelang, die »sanfte« Welle zu stoppen und die technische, sterile Kinderbetreuung zu konservieren, meinen nun, recht bekommen zu haben. Die Ursache des Unheils sei durch die Abwendung von der Vernunft sowie durch die Betonung der Instinkte, die ja den Menschen gar nicht mehr zur Verfügung stehen, zu suchen. Es wäre wohl am besten, wenn wir den vom Weg abgekommenen Karren wieder auf die »alten Gleise« brächten. Darunter sind jene neurotisierenden Empfehlungen aus der erwähnten Zeit gemeint, in der die Technokratie die Existenz der Instinkte strich, ohne noch über die Emotionalität des Kleinkindes zu wissen.

## *Meine Ausgangsgedanken zur Entstehung der Herrschsucht*

Ich gehe von der Sichtweise aus, die sich in der Psychologie und Psychiatrie immer mehr durchsetzt, daß psychische Störungen nie durch eine bestimmte Ursache entstehen, sondern »als Ergebnis von Wechselwirkungen mehrerer Kräfte ..., die innerhalb eines komplizierten Gesamtwirkungsgefüges auf unterschiedlichen Ebenen zueinander in Beziehung treten«[11], zu verstehen sind. Keine von den genannten Einzelursachen unterschätze ich. Je nach Kind und Situation, je nach der Art seiner Eltern, der Art seiner Mentalität und der der Familie kann diese oder jene Ursache im Rahmen des Ganzen mehr wiegen. Bei dem einen kann es eine ausgeprägte Herrschsucht bewirken, beim anderen entsteht sie unter ähnlichen Bedingungen nicht, weil die angeborene Anlage den krankhaften Bedingungen nicht unterlag.

Nur unter dieser Betrachtungsweise gestatte ich mir, die Aufmerksamkeit auf eine bestimmte Ursache zu lenken. Es mag erschütternd

wirken, wenn ich mich in diesem Buch bemühe, meine Hypothese über einen bestimmten Zusammenhang zwischen der »sanften Welle« und der Herrschsucht aufzuzeichnen.
Dieses Risikos bin ich mir bewußt. Dennoch, eben dieser Welle zuliebe, wage ich auf einen Fehler hinzuweisen, der bei der Rückkehr zu alten, auf instinktivem Verhalten beruhenden Traditionen der Kinderbetreuung unterläuft. Wenn in den primitiven Kulturkreisen ein Kleinkind am Körper der Mutter getragen und gestillt wird, muß es sich notgedrungen ihr wie auch den ganzen Lebensbedingungen der Großfamilie anpassen. Es wird noch weitgehend in seinen Aktivitäten gehemmt, fühlt sich aber geborgen und unter der gegenseitigen Anpassung von seinen Eltern und Geschwistern – oder wer auch immer es trägt – verstanden, seine Bedürfnisse nach Bindung werden gesättigt, nur allmählich bekommt es von den beschützenden Eltern Zugeständnisse zur Loslösung. Wenn aber heutige Eltern das Kind tragen, geschieht eine Umkehrung der Anpassung: Die Eltern passen sich mitsamt dem Rahmen der wohlständigen Lebensbedingungen des technokratischen Kulturkreises und der Kleinfamilie dem Baby an. Dadurch entgeht dem Kind nicht nur die Chance, seine Adaptation an das Umfeld als Voraussetzung für die Lebenstüchtigkeit zu üben, sondern auch die Möglichkeit, sich geborgen zu fühlen. Das Baby ist nämlich in einer bestimmten Stufe seiner Denk- und Persönlichkeitsentwicklung in besonderem Maße dafür sensibel, sich selbst als allmächtig und die Eltern als voll beherrschbar zu erkennen. Wird ihm diese Erfahrung zu seiner zuverlässigsten, bleibt ihm nichts anderes übrig, als das Beherrschen der Umwelt zur Ersatzbefriedigung seiner Grundbedürfnisse nach Geborgenheit zu machen. Es wird von der Erfahrung seines Herrschens suchtartig abhängig.
Mir selbst geht es in diesem Buch um die Bekräftigung folgender Annahme: Wenn zwei dasselbe tun, so ist es noch lange nicht das gleiche. Man kann nicht unbedacht die Lebensweise einer vorindustriellen Gesellschaft oder einer sogenannten »Dritten Welt« in unsere technokratische Wohlstandsgesellschaft übertragen. Es ist nicht meine Absicht, von der Rückkehr zum Instinktiven abzuraten,

ja ganz im Gegenteil geht es mir darum, die »sanfte Welle« vor ihrem Verruf zu schützen und ihren humanistischen Strebungen die »Stange« zu halten.
Betroffen sind von den Problemen nicht die Mütter, die ihre Kinder wegen ihrer eigenen Emanzipation vernachlässigt haben, sondern ganz im Gegenteil: Es handelt sich um eine viel jüngere Generation, die aus innigster Überzeugung heraus und aus Angst vor Fehlern versucht hat, sich ganz und gar dem Kind zu widmen. Ausgerechnet diese Eltern, die diese Gesellschaft menschlicher machen möchten, kommen in Schwierigkeiten.

## *Wie wenig wir uns auf unsere Instinkte verlassen können*

Durch den vom Rationalismus geprägten Lebensstil sind unsere Instinkte weitgehend verstummt. Wir wissen und spüren nicht mehr voll, was für das Baby gut ist und was ihm schadet. Solche Beobachtungen mache ich, wenn ich Eltern und Fachleuten von pädagogisch-psychologischen Berufen, einschließlich denen aus dem Bereich der Frühförderung, Filme von der Dritten Welt zeige. Ist es gut, wenn das Kind ganz fest gewickelt ist, so daß es nicht einmal die Hände frei hat? Schaden dem Baby die vehementen Bewegungen der Mutter nicht, wenn sie Getreide drischt? Wie wirkt sich das ständige Tragen im Tuch oder sitzend auf einem Tragschal auf die Wirbelsäule des Babys aus? Wenn das Kind meist auf dem Rücken oder nach Art der Beduinen unter dem Schleier der Mutter getragen wird, so daß es nicht die Gelegenheit zum Blickkontakt mit der Mutter bekommt, wird es nicht autistisch? Was ist überhaupt wichtiger: der hautnahe Körperkontakt ohne Blickkontakt oder das Kind auf eine kleine Distanz anzuschauen und es anzureden? Erlebt das äthiopische Kind seine Mutter nicht als Bedrohung, wenn es an ihrem Körper gehalten den lebensvernichtenden Hunger und Durst erlebt? Und warum haben die Babys auf Sumatra oder in Peru keinen Schnuller? Ist das für die Kinder günstig oder ist es eine Reiz-

überflutung, wenn die Babys überall auf dem Rücken herumgetragen werden? Braucht das Kind nicht auch Stille und Ruhe sowie Freiheit für seine Gliedmaßen?
Im Laufe der Industrialisierung wurden die primitiven Betreuungsmaßnahmen immer mehr beseitigt. Anstelle der Mutter wurden Dinge und Regeln benutzt: Brutkasten, Wärmebettchen, Säuglingszimmer mit Reihen von Bettchen und Glasscheiben, Trinkflasche, Kinderwagen, Laufstall. Gefühle hat man versachlicht, verbildet. Für die Trennung des Kindes von der Mutter wurden medizinische und pädagogische Begründungen angeführt und anhand einiger, aus dem gesamten Zusammenhang des Wohlbefindens des Kindes herausgerissener statistischer Daten wie etwa der Verringerung der Säuglingssterbequote beglaubigt. Eine perfekte medizinisch-technische Versorgung bekam die größte Bedeutung. Im Interesse der Infektionsverhütung – daher auch Glasscheiben zwischen Mutter und Kind, keine Anwesenheit des Vaters bei der Geburt, kein Anlegen an die Brust – wurde die Sterilität groß geschrieben. Daß sich dadurch eine Sterilität der Gefühle einschleicht, wurde von den verkopften Fachleuten nicht beachtet. Die Begründungen dafür schienen emotional ausreichend zu sein: Auch die Mutter soll ihre Ruhe haben. Das Kind mußte sich an Regeln gewöhnen. Es sollte schreien, damit es die Stimmbänder kräftigte.
Je mehr die Fortschritte der Technik auch den Lebensstil prägten, um so weniger Ursprünglichkeit wurde überliefert:

- Die Urgroßmutter wurde in ihrer Kindheit noch getragen, gestillt und schlief mit den kleinen Geschwistern im Bett der Eltern.
- Die Großmutter wurde als Kind zwar nicht mehr getragen, weil man für sie schon einen Kinderwagen hatte, aber sie wurde noch gestillt und mußte aus Platzgründen im Bett der Mutter schlafen, wo sie auch immer wieder den tröstenden Körperkontakt bekam.
- Die Mutter wurde weder getragen noch gestillt, mußte aber essen, was ihr vorgelegt wurde, und mußte, ob sie wollte oder nicht, in ihrem Bett schlafen, wo ihr Weinen, außer bei Krankheit, nicht beachtet wurde.

Beim Anleiten des »Festhaltens« mache ich eine eigenartige Beobachtung, die allerdings wegen der Anhäufung schon typisch ist. Wenn ich eine türkische Mutter, eine Perserin oder Bolivianerin auffordere, das Kind auf dem Arm zu trösten, versetzen sie das Kind sofort in schnelle, rhythmische Bewegungen. Meist tun es die Mütter, sobald sie das Kind auf dem Arm spüren, ohne auf meine Anregung zu warten. Als ich sie testweise zum Stillstand aufforderte, reagierten die Mütter, als müßte etwas Außerordentliches kommen: »Was ist los? Warum das?« Der tröstende Rhythmus des Wiegens, Körper an Körper, war diesen Frauen von Kindheit an »in Fleisch und Blut« übergegangen. Er ist unzertrennlich und unbewußt an das Bedürfnis nach Beruhigung und innerem Gleichgewicht gekoppelt. Dagegen neigen die deutschen, amerikanischen, holländischen und aus anderen »zivilisierten« Ländern kommenden Mütter dazu, das Kind ohne jegliche zusätzliche rhythmische Bewegung wie Wiegen oder Streicheln an sich zu drücken und es in diesem statischen Zustand anzusprechen.
Oftmals höre ich von diesen Müttern, daß sie meinen, ihr Kind richtig zu betreuen, wenn sie sich im Einklang mit ihren Gefühlen befinden. Diese Sicherheit dauert jedoch nur, solange keine schweren Verhaltensstörungen auftauchen. Denn hinter der Stimmigkeit der Gefühle kann sich auch ein neurotisches Nachholbedürfnis verstecken und eine instinktgebundene Sicherheit. So ein Nachholbedürfnis bestand bei der Mutter von Alexander: Weil sie zu wenig Nestwärme als Kind erfuhr, übertrug sie dieses Bedürfnis auf das heißgeliebte Nesthäkchen und sättigte sich selbst, indem sie, anstatt sich selbst zu verwöhnen, ihn vor Enttäuschungen schützte. Mit ihren Gefühlen war sie sicher in Einklang, aber nicht mehr mit den Instinkten, wenn sie dem Kind zehn- bis zwanzigmal pro Nacht seine Flasche aufwärmte und es im Kinderzimmer, weit weg vom Elternbett, schlafen ließ. Ähnliche Nachholbedürfnisse und zugleich Entfremdungen vom Instinktiven vernebeln bei den meisten Eltern die Sichtweise. Sie wissen nicht mehr, ob das rooming-in nur tagsüber oder Tag und Nacht sein sollte, manche meinen, daß es erst einige Tage nach der Geburt einsetzen kann. Die größte Angst der

Eltern dreht sich um die Loslösung des Kindes, noch bevor es die Bindung im Nest auskostete. Sie freuen sich, wenn das Baby gleich nach der Entlassung von der Geburtsklinik in seinem Kinderzimmer alleine durchschläft. In größte Angst aber schlägt diese Freude um, wenn das Kind aufwacht; was tun? Darf man das Kind trösten? Reicht dazu die Stimme der Mutter, ohne das Kind zu berühren, oder soll man das Kind in den Arm nehmen oder sogar ins Bett? Wird das Kind dann überhaupt noch in seinem Bett schlafen wollen? Hier spuken die Warnungen der Großmütter herum: Wenn du das Kind heute ins Bett nimmst, wirst du es nicht wieder los!

Selbst wenn eine Mutter von einem noch primitiveren Kulturkreis die gleichen neurotischen Nachholbedürfnisse hätte, würde sie für die Art der Kinderbetreuung schnell ein Korrektiv in den traditionellen Regeln ihrer Umgebung finden. So wie alle anderen Mütter in der Großfamilie würde sie das Kind auf eine bestimmte Weise in die Hängematte bei ihrem Bett legen oder es an ihren Körper binden. Dieses natürliche Korrektiv gibt es in unserer individualistischen, zersplitterten Gesellschaft immer weniger. Eine Großfamilie gibt es nicht mehr, die Gespräche mit dem Nachbarn werden immer weniger, der einzelne wird verunsichert durch eine Menge von widersprüchlichen Meinungen, die er durch die Massenmedien empfängt. Ob die oder jene Information maßgebend sein könnte, läßt sich nicht mehr ohne weiteres beurteilen. Denn der Autor bleibt weitgehend anonym, man weiß nicht, ob seine Stellungnahme nur vom Kopf kommt oder intuitiv richtig erspürt wurde.

Je weniger wir uns – zu unserem großen Schaden – auf unsere Intuition verlassen können, um so mehr müssen wir über die instinktiven Bedürfnisse des Kleinkindes, über seine zunehmenden kognitiven Verarbeitungsmöglichkeiten und über seine Persönlichkeitsentwicklung wissen. Ohne dieses Wissen sind wir nicht in der Lage, dem Kind das zukommen zu lassen, was ihm auf der jeweiligen Entwicklungsstufe zusteht. Erst relativ spät waren diese Themen Gegenstand der Wissenschaft. Die Untersuchungen von René Spitz, John Bowlby und Donald W. Winnicott trugen dazu bei, ein besseres Verständnis für die Erlebniswelt des Babys zu bekommen. Noch

mehr an die instinktiven Bedürfnisse knüpfte H.F. Harlow an, indem er in Versuchen mit Äffchen nachgewiesen hat, daß für Säuglinge das Anklammern an die Mutter eine primäre Bedeutung hat und das Trinken zweitrangig ist.
In diese Spuren traten bahnbrechend und auf eigene Art Annemarie Dührsen, Theodor Hellbrügge, Christa Meves, Bernhard Hassenstein u.a. Erst in den siebziger und achtziger Jahren dieses Jahrhunderts wird die Wissenschaft wach dafür, daß die Beziehung zwischen Kind und Mutter schon vor der Geburt anfängt und unmittelbar nach der Geburt fortzusetzen ist. Einige Namen von der noch bescheidenen Reihe der Wissenschaftler seien genannt: Gustav H. Graber, Hanus und Mechthild Papoušek, Anneliese Korner, Thomas Verny, Sepp Schindler, Stanislav Grof u.a.
In die wissenschaftliche Welt sickert das neue Wissen nur langsam ein. Die Abwehr der naturwissenschaftlichen Denkenden ist noch groß, denn sie haben ihre Sicherheit nur in Daten und Methoden gefunden, die auf exakter Berechenbarkeit beruhen. Wie kann man jedoch ein Erlebnis der Liebe, der Geborgenheit, des Trennungsschmerzes exakt untersuchen? Zerlegt man das Gefühl in einzelne meßbare Bestandteile wie die Dauer des Blickkontaktes, die Tiefensensibilität beim Umarmen, die Menge der Tränen und dergleichen, hat man nur die unwesentlichen Bestandteile erfaßt, aber keinesfalls das Ganze. Aber das Ganze ist viel mehr als die Summe der Einzelelemente. Um so weniger können diese Fachleute an die Praxis etwas weitergeben, was sie noch nicht überprüft haben. Und so beißt sich die Katze in den eigenen Schwanz.
Seitens der Fachleute waren es im Grunde nur fühlende Praktiker wie Fréderick Leboyer, die sich trauten, den Damm für die sanfte Welle zu durchbrechen und die erneuernde Initiative der Eltern zu unterstützen. Zu einer ausgiebigen Orientierung reicht dies dennoch nicht, wenn es sich um einzelne Betreuungs- und Erziehungsprobleme über die sanfte Geburt hinaus handelt.
Alte Traditionen hat die technokratische Gesellschaft vernichtet, und neue Wege sind noch nicht erschlossen. Wen wundert es also, daß sich einer in diesem Niemandsland verirrt?

# Die Entwicklungsstufe, in der die Herrschsucht entsteht

Im Alter von fünf bis zweiundzwanzig Monaten befindet sich das Kleinkind in einer bestimmten Entwicklungsstufe seiner Affekte, seiner Wahrnehmung, Körperbeherrschung und seines Denkens. Das Gefühl eigener Allmächtigkeit und die Lust am Beherrschen der Umwelt sind hier besonders ausgeprägt.

Ohne eine ausführliche Beschreibung der Umstände, unter denen sich diese Entwicklungsstufe anbahnt und verändert, wären weder sie noch ihre Störungen und Hilfen dagegen nachvollziehbar. Deshalb bitte ich den Leser um die Bereitschaft, sich ein Stück durch die Entwicklungspsychologie des Kleinkindalters führen zu lassen.

Zum Verständnis der kindlichen Entwicklung gehört eine *ganzheitliche Sichtweise*, die bereits in den vorhergehenden Kapiteln erwähnt wurde. Das Kind besteht nicht nur aus einzelnen Anlagen, nicht nur aus Reizaufnahme und Reizverarbeitung, nicht nur aus Gefühlen und aus seinem seelischen Sensorium, nicht nur aus neurochemischen Prozessen und seiner Fortbewegungsfähigkeit, sondern aus all diesen und noch mehreren Komponenten und deren variablen Verbindungen untereinander, die in einem dynamischen und jeweils einmaligen System »vernetzt« sind. Zu diesem Ganzen einer Persönlichkeit gehört auch ihre *Beziehung zur Umwelt*, die Art ihrer Anpassung und Durchsetzung. Eine weitere unbedingte Dimension des Ganzen ist die der Zeit, in der alle Entwicklungsprozesse in einer *hierarchischen Stufenordnung* nach und nach reifen. Die breite Entfaltung einer höheren Stufe kann erst ansetzen, nachdem die vorhergehende lückenlos aufgebaut bzw. gesättigt wurde. Dies gilt sowohl für die Entwicklung der Sensomotorik und des Denkens als auch der Gefühle und der Beziehungsfähigkeit. Keine

Stufe hört auf; sie wird bereichert um die höhere Stufe – so ähnlich wie die Wurzeln nicht verschwinden, wenn der Baumstamm hinauftreibt.
Diesen Grundsätzen folgend und das Verständnis des Lesers voraussetzend, versuche ich die Sichtweisen der Tierverhaltensforscher und Anthropologen Irenäus Eibl-Eibesfeldt, H.F. Harlow, Bernhard Hassenstein, Konrad Lorenz, Adolf Portmann, Niko Tinbergen u.a., der Psychoanalytiker Michael Balint, John Bowlby, Erik Erikson, Sigmund Freud, Arno Gruen, Margaret Mahler, René Spitz, Donald W. Winnicott u.a. und der Entwicklungspsychologen Félicie Affolter, Heinz Herzka, Jerome Kagan, Hellgard Rauh, Jean Piaget u.a. zu integrieren, um den Leser für die Lage des betroffenen Kindes zu sensibilisieren.
Zur Übersicht biete ich das Schema 1 an. Die Altersangaben sind nur ungefähr, denn jedes Kind ist aufgrund seiner Intelligenz, seines Temperaments usw. anders. Bei einem Frühentwickler kann beispielsweise die Stufe des Ich-Bewußtseins schon mit eineinhalb Jahren, bei einem geistig Behinderten vielleicht erst mit zehn Jahren oder auch gar nicht eintreten.
Von entscheidender Bedeutung für die Entwicklung der Persönlichkeit ist es, ob in der frühesten Lebenszeit eine ausgiebige Bindung und Sättigung des Grundbedürfnisses nach Geborgenheit gelang. Hier werden die Weichen für das weitere Schicksal des betroffenen Kindes gestellt. Denn ohne Bindung kann auch keine Loslösung gelingen. Nur wenn das Kind ein Urvertrauen gewinnen konnte, kann es sich später anderen anvertrauen und ein Selbstvertrauen entfalten. Hat es genügend Liebe empfangen, kann es später auch Liebe weitergeben. Erfuhr es den Halt durch seine Eltern, wird es einmal seinen eigenen inneren Halt entfalten und diesen anderen anbieten können.

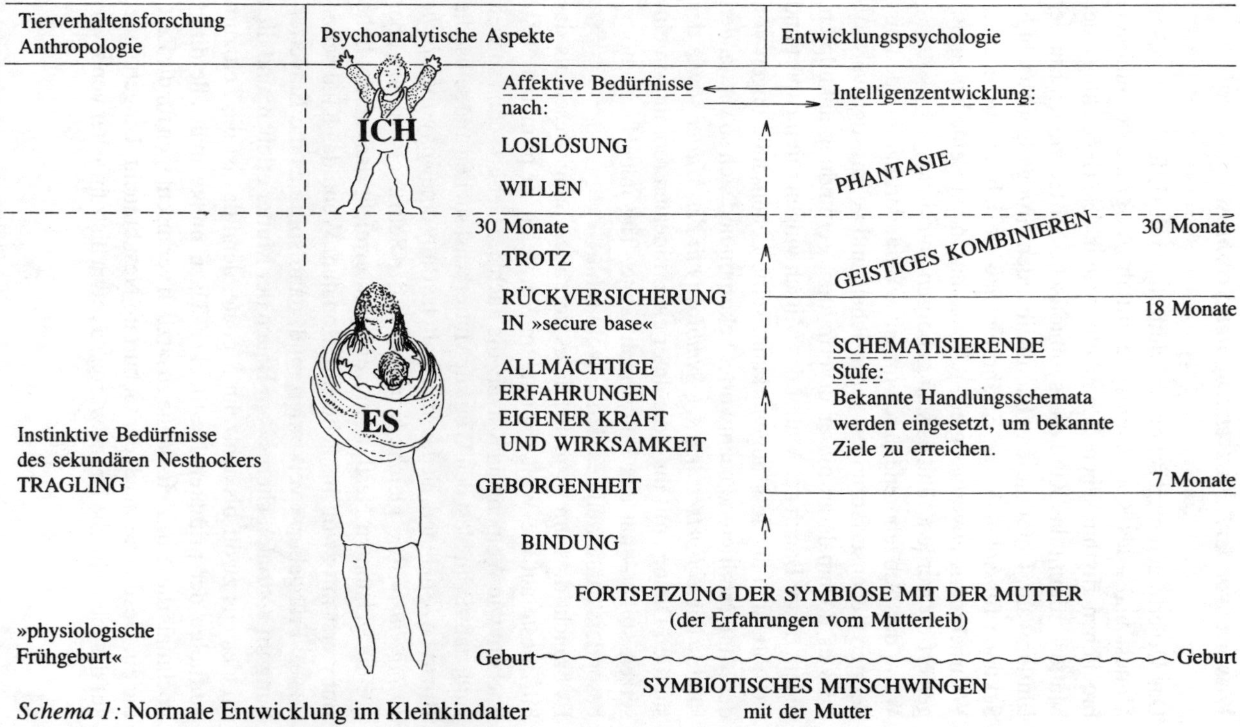


*Schema 1:* Normale Entwicklung im Kleinkindalter

## *Was war vorher? Fortsetzung der Symbiose*

Das Urvertrauen wird schon im Mutterleib mit Hilfe des primären Sinneskanals, des Körpersinns, vermittelt. Aufgrund des ununterbrochenen rhythmischen Schaukelns[12] und des Herzschlags der Mutter[13] nimmt das Kind das symbiotische Mitschwingen mit der Mutter wahr. Unter diesen gleichbleibenden Anregungen macht es Sekunde für Sekunde die Erfahrung, daß es sich auf die nächste Wahrnehmung zuverlässig einstellen kann. Indem seine Erwartungen erfüllt werden, fühlt es sich geborgen und sicher.

Wenn das Neugeborene durch massive Veränderungen in den bisherigen Lebenserfahrungen verunsichert und verängstigt wurde[14], muß es nochmals an dieser urvertrauten Verbindung anknüpfen, indem es am Bauch der Mutter das Mitschwingen mit ihr spürt und sie hört, sich an sie »saugen« kann, seine Lebensäußerungen von der Mutter imitierend beantwortet bekommt und sich so verstanden fühlt.[15] Diese *Fortsetzung der Symbiose mit der Mutter* sowie des subtilen Dialogs mit ihr – die unter einem idealen rooming-in einsetzen sollte – hat das Baby noch lange, Tag und Nacht, nötig, besonders dann, wenn es sich unwohl fühlt.

Es braucht dies um so mehr, da es von allen Säugewesen als das hilfloseste auf die Welt kommt. Im Vergleich zu primären Nesthockern wie Welpen und Katzen, die nach der Geburt schon so weit sind, daß sie im Nest den Weg zur Mutterbrust suchen und selbst die Brustwarze nehmen, ist das menschliche Baby eine *»physiologische Frühgeburt«*. Die gleiche Kompetenz der Selbstversorgung, über die die genannten Nesthocker verfügen, erreicht das menschliche Baby erst mit zwölf bis achtzehn Monaten. Wenn das Kind schon diese »Frühgeburt« verkraften muß, dann sollte es die Einverleibung im »sozialen Uterus« am Bauch der Mutter erleben; und dies mindestens zwölf bis achtzehn Monate, denn das ist die Zeit zum Aufholen der primären Nesthocker. Dazu müßte man allerdings nochmals dieselbe Zeitspanne zusätzlich veranschlagen für die Zeit, die ein Nesthocker nach der Geburt im Nest braucht. Umgerechnet auf das menschliche Leben würde das etwa bis zum Alter von zweieinhalb Jahren dauern – also ungefähr so lange, wie es in den noch weniger zivilisierten Kulturkreisen geschah und geschieht, in denen notgedrungen und traditionsgebunden das Kleinkind am Körper der Mutter oder anderer Bezugspersonen getragen wird.

Dafür gibt es noch eine weitere ethologische Sichtweise, die der Gattung Mensch noch gerechter ist. Zwar ist das menschliche Baby hilfloser als die primären Nesthocker, es ist jedoch mit höheren genetischen Informationen über Greifreflexe, manuelle Tätigkeiten, aufrechten Gang und Denken ausgerüstet. Sie haben nicht nur das Bedürfnis, »im Nest zu hocken«, sondern am Körper der Mutter gehalten bewegt zu werden. Dies kommt am ehesten zustande, wenn das Kind getragen wird. Nach Adolf Portmann und Bernhard Hassenstein gehört der Mensch zu der Gattung der *»Traglinge«*.

## *Affektive Bedürfnisse: Was ein Kind im Tragtuch erlebt*

Wie bereits erwähnt, haben Eltern seit jeher und überall auf der ganzen Welt die natürlichste Chance wahrgenommen, den Instinkten des Traglings nachzukommen, und das Kind im Tragtuch getragen oder ersatzweise in der Hängematte oder Wiege bewegt. Je nach Tradition werden die Kinder bis zur Erlangung der Ich-Identität – im Alter von etwa zwei bis zweieinhalb Jahren – getragen, und manche werden dabei so fest gewickelt, daß sie nicht einmal die Hände zum Greifen frei haben. Erstaunlicherweise haben diese Kinder die Entwicklung der Körper- und Handgeschicklichkeit sehr bald aufgeholt und waren den Kindern, die sich frei bewegen konnten, weit voraus.

Über die Geschicklichkeit kleiner Indianer würde beispielsweise kaum jemand Zweifel haben. Selbst die geistige Entwicklung ist trotz der scheinbaren Unterdrückung von Anregungen erstaunlich gut. Großes Aufsehen erregte in den sechziger Jahren eine Forschung über die Kindererziehung in einem südmexikanischen Stamm. Obwohl die Kinder bis zum ersten Lebensjahr fast den ganzen Tag an die Mutter angebunden waren, so daß das Krabbeln und Greifen nach anderen Objekten als nach dem Körper oder den Kleidern der Mutter verhindert war, und obwohl sie wegen der Umhüllung im Tragtuch nur wenig Gelegenheit zum Beobachten der Umwelt hatten, schnitten diese Kinder bei Entwicklungstests nicht viel schlechter als nordamerikanische Kinder ab. Diese Ergebnisse erstaunen um so mehr, da die Tests für nordamerikanische Kinder entwickelt wurden, die zu den erwarteten Ergebnissen geradezu trainiert wurden, unter anderem durch anregendes Spielzeug, aber auch durch genügend Freiheit, um die Fortbewegung ausprobieren zu können.[16]

Blickt man in die Menschheitsgeschichte zurück, so fällt tatsächlich auf, daß es in all den Jahrtausenden der menschlichen Entwicklung nicht geschadet hat, die Kleinkinder in den ersten Lebensjahren an den Leib der Eltern zu binden.

Zur Verdeutlichung führe ich nicht die Trageträditionen der sogenannten »Dritten Welt« (wie Indien, Äthiopien, Guatemala u.a.) an, sondern verweise auf die Geschichte des kleinen Jesuskindes: Wie oft ihn seine Mutter getragen hat, läßt sich nur erahnen. Mit Sicherheit wissen wir aber, daß er von Bethlehem ins Elternhaus nach Nazareth getragen werden mußte, und auf eine noch bestimmendere Weise, nämlich auf der Flucht nach Ägypten. Nach historischen Berechnungen war der kleine Jesus damals ca. zwei Jahre alt. Man braucht nicht viel Phantasie, um sich vorzustellen, daß er nicht entscheiden durfte, ob er im Arm der Mutter gehalten wird, ob er zu Fuß geht, ob der Esel langsam oder schnell gehen soll und ob sie überhaupt und wohin sie gehen. Nicht einmal die Eltern durften darüber entscheiden, denn sie waren existentiell gefährdet und wurden durch den Engel in Richtung und Tempo bestimmt.

Ausgerechnet in dem Zeitalter, in dem das Tragen verpönt war – und bei so vielen noch ist! –, erleben wir merkwürdigerweise einen bis dahin unbekannten Zerfall der menschlichen Gefühle und der Ethik, der sich in einer erschreckend steigenden Kriminalität und in einer Anhäufung psychischer Krankheiten manifestiert. Fängt die

Vereinsamung des modernen Menschen vielleicht schon dort an, wo das Baby vom Körper der Mutter isoliert wird?

Das *Halten* des Kindes ist nach Meinung von Donald W. Winnicott der Grundinhalt einer Säuglingsfürsorge, die der Säugling von der Mutter erfährt. Es geht dabei sowohl um das wirkliche, physische Halten als auch um die gesamten Umweltvorkehrungen, die für ein Zusammenleben notwendig sind. Dabei macht das Kind viele *Schlüsselerfahrungen*, auf denen es seine personale Existenz aufbauen kann:

- Die Befriedigung seiner Grundbedürfnisse nach Nahrung, hauptsächlich aber nach dem vorhersehbaren Trost und Schutz in Form von Gehaltenwerden, stellt für das Kind die Zuverlässigkeit der Eltern dar und gibt ihm die Bindung[17] und die Geborgenheit[18], die es braucht.
- Indem das Kind mit seinen Lebensäußerungen wie Jauchzen, Schmatzen, Glucksen voraushörbares Beantworten bei den Eltern auslöst, fühlt es sich verstanden.

Daran ist zu erkennen, daß sich das Kind doch nicht in einer »ohnmächtigen Abhängigkeit« von den Eltern befindet, wie Balint meinte, durch die es eine Hilflosigkeit erlernen würde. Es ist zwar abhängig von der Pflege, aber es bestimmt die *wechselseitige Anpassung* und Kommunikation mit den Eltern mit, ja sogar mit einer bedingungslosen Erwartung. Arno Gruen sagt dazu: »Die Hilflosigkeit des Säuglings, eingebettet in die Lebendigkeit und Freude der Mutter, wird nicht als Bedrohung und Druck erfahren. Sie führt für das Kind zur Entdeckung, daß ihm geholfen wird, die Welt zu erfassen und zu erreichen.«[19] Das *Erlernen der Anpassungsbereitschaft* ist eine unabdingbare biologische Notwendigkeit, eine Voraussetzung für späteres Sich-Durchsetzen. Einige Beispiele: Ein Baum muß sich zunächst der Bodenbeschaffenheit und dem Klima anpassen, bevor er Früchte tragen kann. Ein Einwanderer muß sich der Sprache, den Lebensgewohnheiten und dem Arbeitsmarkt anpassen, um sich in dem neuen Land zu integrieren.

Ohne selbst über Nähe, Tempo des Körperkontaktes bzw. auch über die Art der Verpflegung entscheiden zu können und obwohl es ihm vielleicht unangenehm ist, weil es Bauchweh oder Hunger hat und trotzdem von der Mutter nur noch gehalten und gewiegt wird, lernt das Kind, *Verzicht zu üben, Frustrationen zu ertragen, die eigene Wut und Angst auszuleben und schließlich doch bei der Mutter Zufriedenheit zu erleben, zu warten, sich geliebt zu fühlen, obwohl es stört usw.* Es macht die *Tiefen und Höhen einer Beziehung* durch, kann seine *Gefühle ausdrücken* und landet immer im geborgenen Hafen der Liebe. (Dem Grundsatz »Störungen haben Vorrang« kann derjenige, der die genannten Erfahrungen am Körper der Mutter nicht erlebte, später nur mühsam durch Psychotherapie und Kommunikationstraining nachkommen.)

Dadurch, daß der Trost und die Aufmunterung länger, das heißt über die Gegenwehr des Kindes hinaus, andauern und das Kind in seinen Aktivitäten durch die Abgrenzung des Nestes gehemmt wird, nimmt das Kind die Eltern als die Stärkeren, die Überlegenen wahr. Es kann sich unter der primären Autorität der Eltern glaubhaft geschützt fühlen, die Eltern achten und sich an ihnen als Vorbild orientieren.

In der Blickhöhe der tragenden Bezugsperson kann das Kind alle nicht vertrauten Veränderungen in der Umwelt beobachten: das Feuer, das Gewitter, das Geschehen auf dem Markt, die Tiere, die fremden Menschen und so weiter. Unter dem Trost und der Aufmunterung im Arm der Bezugsperson lernt es, die angstauslösenden Situationen ohne Angst oder mit gemilderter Angst zu ertragen. Je fähiger das Kind zur Differenzierung zwischen vertrauten und fremden Menschen ist, um so bewußter wird dem Kind die Angst vor Fremden und der Trennungsschmerz. Unter diesem Fremdeln entsteht das Bedürfnis nach Distanz von Fremden und das aktive Suchen nach Zuflucht bei beschützenden Vertrauten.[20]

Das Kind lernt in der unmittelbaren Nähe zu den Eltern zunächst nur durch die Beobachtung dieses vielfältigen Geschehens. Mit zunehmenden körperlichen und geistigen Kräften entfaltet es die Lust zur Nachahmung und zur Eigenaktivität. Allmählich möchte es so groß sein wie die anderen und es genauso machen wie die Großen, zum Beispiel sich alleine anziehen, alleine essen. Aus der vorangegangenen instinktiven leiblich-seelischen Symbiose erwächst nun eine

höhere Qualität der Identifikation zwischen Kind und Eltern, die die Fähigkeit zur bewußten Solidarisierung anbahnt.
Aus dieser sicheren Position bei den Eltern heraus – Ainsworth nennt es »secure base«[21], was schwer ins Deutsche zu übersetzen und am ehesten den Begriffen »Sicherheitsstützpunkt« und im übertragenen Sinne mit »Nest« gleichzusetzen ist –, entfaltet das Kind nicht nur nachahmende, sondern auch die aktive Neugierde. Dazu benutzt es zunächst einfache Handlungsschemata, die immer zu einem voraussehbaren Ziel führen; zum Beispiel zieht es dem Vater die Brille herunter, um zu hören »Du du!« (siehe »Schematisierende Stufe« in der Spalte »Entwicklungspsychologie« im Schema 1). Es erlebt sich dabei allmächtig, weil es noch keinen anderen Vergleich hat und sich als Mittelpunkt der Welt empfindet. Allmählich kombiniert es solche bewährten Handlungsschemata geistig, um neue Ziele zu erreichen, um Umwege herauszufinden. Ein Beispiel: Um die Aufmerksamkeit der Mutter auf sich zu lenken, die sich im Supermarkt zu lange mit der Verkäuferin unterhälft, wirft das Kind die Milchdosen vom Regal herunter. Es möchte wissen, ob seine Eroberungsversuche den Großen gefallen oder nicht, und es stellt fest, daß diese nicht immer auf die gleiche Weise, sondern mit unterschiedlichen Gefühlsäußerungen reagieren. Es fängt an, sich hineinzufühlen und dementsprechend zu handeln, allerdings auch widersprüchlich. Denn es will die *Grenzen der Belastbarkeit* der Großen und auch *die eigene Kraft und Belastbarkeit* strapazieren und somit erkennen. Es fängt an zu *trotzen.*
Um die Kräfte für neue Unternehmungen sammeln zu können, um die Brücke vom Es zum Ich zu schlagen, um sich dann auch als Ich zu erleben, das den *Willen* einsetzt, um »soooo groß« wie andere zu sein, wie andere zu spielen, zu sprechen, sich selbst zu versorgen, um das Ich vom Du auch abzugrenzen und eine Lust zur *Loslösung*[22] zu entfalten, möchte das Kind nicht nur zunehmende Freiheitsräume für Entscheidungen, sondern auch immer wieder die Rückversicherung in der »secure base«.
Nur wenn das Kind im Rahmen des Nestes bei all den genannten Gelegenheiten erfuhr, daß es *vorbehaltlos geliebt* und *geachtet*

wird, ist es auch in der Lage, die Eltern zu achten und zu lieben. Dann bekommt es als »Mitgift« fürs Leben eine soziale *Selbstliebe* und ein soziales *Selbstwertgefühl.* Wenn das Kind in der »secure base« die für es noch nicht voll faßbare, jedoch *beschützende, leitende, liebevolle Autorität* erleben konnte, kann es später auch leichter andere Autoritäten, ja sogar manchmal unangenehm empfundene wie Schulordnung, Regeln des Rechtschreibens und dergleichen anerkennen. Ich meine, daß eben hier, im Arm der Eltern, der *Glaube an höhergestellte Prinzipien* sowie die Bereitschaft, sich ihnen anzuvertrauen, verankert ist.

### *Wie erkennt man die für die Entstehung der Herrschsucht kritische Entwicklungsstufe?*

Die wichtigsten Merkmale der kritischen Entwicklungsstufe sind zum einen der Beginn der Vorstellungskraft und des zielgerichteten Handelns, zum anderen das erste Verständnis für zeitliche Abfolgen, wobei hier auffällt, daß nur bekannte Mittel in bekannten Situationen nach bestimmten Schemata eingesetzt werden, um ein bekanntes Ziel zu erreichen.

*Etwa ab dem fünften Monat* befindet sich das Kind in der Entwicklungsstufe, die seiner »physiologischen Geburt« entspricht. Manche seiner Bewegungsmuster und seine Art der Neugierde erinnern auch tatsächlich an das Verhalten junger Tiere, die sich »im Nest« behaupten.

Das Kind sitzt, robbt, krabbelt, zieht sich an Möbeln hoch, lernt allmählich laufen. Es kann schon sicher greifen, aber zunächst noch nicht loslassen, so daß es ihm noch lange nicht möglich ist, sich mit mehr als einem Gegenstand zu befassen. Es untersucht Gegenstände, wobei es entweder mit beiden Händen die gleichen Bewegungen macht, einen Ball hält, ihn beklatscht, oder aber nur mit einer Hand. Wie ein neugieriges Kätzchen mit seinen Pfoten erforscht das Kind mit Hilfe seiner Körperteile alle Öffnungen und setzt sich somit zum

erstenmal bewußter mit gegenständlichen Widerständen und eigenem Kraftaufwand auseinander: Es steckt die Füße, die Finger, den Kopf in die Spalten zwischen den Matratzen, zwischen die Sprossen des Bettchens, in die Öffnung der Trinkflasche, in die Jackentaschen des Vaters, in den Blusenausschnitt der Oma, in den Mund und in die Ohren der Mama. Es überträgt eine bestimmte, vertraute Tätigkeit auf viele andere Gegenstände: Es räumt aus, wirft Dinge von sich weg, zieht an der Schnur von einer Spieluhr, am Bart des Opas, am Zipfel der Tischdecke, und jedesmal bewirkt es eine andere Reaktion.
Auch die Interaktionen mit seinen Bezugspersonen werden durch dieses Verständnis für seriale Zusammenhänge geprägt. Wenn eine solche Serie mehrmals wiederholt wird, kann sich das Kind am Anfang vorstellen, was in dem »zweiten Teil« kommt und bemüht sich, das erwartete »Happy-end« wieder auszulösen. Zum Beispiel erwartet es auf dem Schoß des Papa, daß das »Hoppe hoppe« in das »Plumps« übergeht. Es zieht das Tuch vom Gesicht der Mama herunter, um ihr Gesicht zu sehen und das »Kuckuck!« zu hören.
Die Vorstellungskraft für die eigenen Bewegungen macht es dem Kind möglich, bestimmte unter Handführung eingeübte Gebärden nachzuahmen, ohne daß es diese an sich selbst sieht und hört, etwa Winken beim »Ade« oder die Bewegungsantwort auf die Frage »wie groß bist du?«

*Etwa ab dem zwölften Monat bis zu etwa zweiundzwanzig Monaten* geht das Kind in seinen Erkundungen weiter als die jungen Tiere. Es entdeckt das spezifisch menschliche Verhalten, indem es nicht nur Körperteile, sondern auch Werkzeuge zum Erforschen anderer Gegenstände nimmt. Dabei teilen sich beide Hände die Zusammenarbeit; einzelne Finger, die Kraftdosierung und die Planung der Richtung werden immer bewußter. Zunächst probiert das Kind solche Werkzeuge, die bereits an oder in einem Gegenstand klemmen: Es drückt die Knöpfe am Radio oder den Lichtschalter. Die Öffnungen werden mit Hilfe von Gegenständen erforscht: Zwischen die Sprossen des Bettchens werden nun Ball, Teddybär, Flasche durch-

gesteckt. Die Sachen werden ineinander und aufeinander gesteckt: ein Satz von Bechern, Ringe auf einen Stiel, Kekse in den Mund der Mutter, einen Ball in das Töpfchen usw.
Auch im Hinblick auf die Nachahmung und die Kommunikationsfähigkeit erreicht das Kind eine Stufe, die nur den Menschen verfügbar ist. Das Kind ahmt nun auch Bewegungen nach, die ihm neu sind und zu denen es weder Handführung noch eigene visuelle Kontrolle braucht. So fängt es an, die Körpersprache und die Mimik der Bezugspersonen »nachzuäffen«, wobei es sich damit nicht nur verständigen, sondern auch hineinfühlen kann. Ein Beispiel: Es glaubt, daß sich die Mutter freuen wird, wenn es Milchdosen im Supermarkt herunterwirft, sieht aber ihr entsetztes Gesicht, ahmt es nach und stellt fest, daß das Du ein anderes Gefühl als sein Ich hat. Auch dadurch fängt das Kind an, sich selbst von den anderen abzugrenzen.
In dieser Zeit lernt es sprechen, zeigt, was es hat, äußert Wünsche. Weil es so tolle Sachen machen möchte wie die Großen auch, ahmt es deren konkrete Handlungsfolgen nach: Es nimmt Töpfe und Rührlöffel heraus, um zu kochen, nimmt den Hörer ab und dreht die Scheibe, um zu telefonieren.
Aus den mutigen – mutigen deshalb, weil sie den Erwartungen nicht entsprechen – Ansätzen zur Offenheit für neue Zusammenhänge wird erst später eine schöpferische Kraft, die sich Ängsten stellt, neue Wege sucht und das Leben in der vollen Breite seiner Gegensätze lieben kann.
Diese ersten Anfänge des Sich-Einfühlens in das Gegenüber werden einmal in ein Einfühlungsvermögen münden, das aus wechselseitigem feinem Erfühlen besteht: Ich fühle, daß du Sorgen hast, aber ich weiß auch, daß du fühlst, daß ich mit dir fühle und daß ich zu dir stehe.[23]
Wichtig ist, daß diese zarten Sprößlinge gut verwurzelt sind und in günstigen Verhältnissen aufwachsen können. Aus einem Sprößling, dem sich der Gärtner ganz anpaßt, indem er ihn durch die Wände des Treibhauses vor Temperaturunterschieden und Witterungen schützt und für ihn auch die Bodenbedingungen reguliert, wird kaum ein lebenstüchtiges Bäumchen, das man aussetzen kann.

# Störungen der Persönlichkeitsentwicklung beim Kleinkind

Welche Auswirkungen eine gestörte Persönlichkeitsentwicklung des Kleinkindes auf die Eltern haben kann, zeigt anschaulich der Schweizer Satiriker Franz Hohler; zwar mag manches überzeichnet wirken, doch im Kern trifft diese Episode die Situation des herrschsüchtigen Kindes und seiner Familie.[24]

»Mir ist der Fall eines Kindes bekannt, das, knapp nachdem es ein Jahr alt geworden war, nichts mehr essen wollte. Wenn man ihm seine Nahrung, die meistens aus einem Brei bestand, eingeben wollte, verwarf es die Hände vor dem Gesicht, schüttelte den Kopf und wand sich, so daß es unmöglich war, ihm auch nur einen Löffel davon in den Mund zu bringen. War man doch einmal so weit vorgedrungen, spuckte es sofort alles wieder aus und begann zu schreien. Das einzige, was es zu sich nahm, war etwas Wasser, aber schon wenn man ihm statt dessen Milch hinhielt, wollte es nichts mehr davon wissen.
Die Eltern waren beunruhigt und konnten sich diese plötzliche Änderung nicht erklären. Sie versuchten das Kind zuerst mit Zureden, dann mit Drohungen und Schlägen zur Annahme des Breis zu bewegen, aber es war vergebens; sie legten ihm eine Banane hin, die es sonst unter allen Umständen gegessen hätte, doch das Kind nahm sie nicht. Erst ein Zufall führte zu einer Lösung. Das Zimmer des Kindes war mit einem Gatter, das man in den Türrahmen einklemmte, abgesperrt, so daß das Kind bei offener Türe im Zimmer gelassen werden konnte und man hörte, was drinnen vorging, ohne daß es die Möglichkeit hatte hinauszurennen. Am dritten Tag der Nahrungsverweigerung wollte der Vater der Mutter, die sich schon im Zim-

mer befand, um das Kind zu Bett zu bringen, den Brei hineinreichen, da kam das Kind an das Gatter gelaufen und schaute begierig zum Teller hinauf. Sogleich beugte sich der Vater hinunter und begann, ihm über das Gatter hinweg den Brei einzulöffeln, und das Kind, das sich mit den Händen an den Stäben festhielt und mit dem Kopf gerade über den Gatterrand hinausreichte, schien sehr zufrieden und aß den ganzen Brei auf. Am nächsten Morgen fütterte der Vater, bevor er zur Arbeit ging, das Kind auf dieselbe Weise, und es zeigte nicht den geringsten Widerstand. Als aber die Mutter am Mittag dem Kind den Brei über das Gatter geben wollte, lief es weg und schlug den Deckel seiner Spieltruhe solange auf und zu, bis sich die Mutter aus dem Türrahmen entfernte. Vom Vater nahm es am Abend wieder ohne Umstände den Brei über das Gatter.
Nun aß das Kind zwar wieder, aber die Tatsache, daß es nur von seinem Vater gespeist werden wollte, machte den Eltern zu schaffen. Abgesehen davon, daß es so nur zwei Mahlzeiten am Tag bekam, war es für den Vater nicht einfach, jeden Abend pünktlich dazusein, um dem Kind sein Essen zu verabreichen, er mußte sich von Berufs wegen öfters von seinem Wohnort wegbegeben. Einmal erschien er leicht verspätet und hörte das Kind schon schreien, warf den Mantel rasch über einen Stuhl, ging zum Kinderzimmer und gab dem Kind sein Essen. Erst nachher merkte er, daß er vergessen hatte, seinen Hut dazu abzunehmen. Als er am andern Morgen wieder zum Kind ging, wollte es nicht essen, zeigte ihm jedoch unablässig auf den Kopf. Da erinnerte sich der Vater an den vorigen Abend, holte seinen Hut und setzte ihn auf, und befriedigt ließ sich das Kind nun seinen Brei geben. Von nun an mußte der Vater immer einen Hut anhaben, wenn er wollte, daß das Kind aß.
Bisher war die Mutter stets zugegen gewesen, wenn das Kind sein Essen erhielt, nun blieb sie einmal am Morgen, als sie schlecht geschlafen hatte, im Bett, da sich der Vater anerboten hatte, das Kind allein zu besorgen. Das Kind weigerte sich aber, den Brei ohne die Gegenwart der Mutter zu essen, und so blieb dem Vater nichts anderes übrig, als die Mutter herzuholen, welche sich im Nachthemd auf ein Kinderstühlchen setzte.

Am selben Abend wehrte sich das Kind schreiend gegen die Zumutung, seinen Brei zu essen, dabei war alles in Ordnung. Der Vater stand außerhalb des Gatters und hatte seinen Hut auf, und die Mutter war auch dabei. Allerdings trug sie jetzt ihre Tageskleidung, und da das Kind immer wieder auf die Mutter zeigte, zog sie schließlich ihr Nachthemd an und kam wieder ins Zimmer. Das Kind war aber erst zufrieden, als sie sich wieder auf das Kinderstühlchen setzte und von dort aus zuschaute, wie es aß.

Von jetzt an mußte sich die Mutter immer zur Essenszeit des Kindes das Nachthemd anziehen, sonst war an eine Nahrungsaufnahme gar nicht zu denken.

Bald ließ sich das Kind nicht mehr von zufällig eingetretenen Ereignissen leiten, die es wiederholt haben wollte, sondern begann, sich selbst neue Forderungen auszudenken. So deutete es als nächstes auf den Schrank, der im Zimmer stand, und schaute dazu seine Mutter an. Die Mutter ging auf den Schrank zu und wollte ihn öffnen, doch da heulte das Kind auf und zeigte auf die Decke des Schranks. Die Mutter sagte, nein, das mache sie nicht, da legte sich das Kind auf den Boden und strampelte mit Händen und Füßen in der Luft, indem es gellende Schreie von besonderer Widerlichkeit dazu ausstieß. Trotzdem beschlossen die Eltern, auf diesen Wunsch des Kindes nicht einzugehen, und so mußte es ohne Essen ins Bett. Bis zum Morgen, so hofften sie, hätte es den Gedanken bestimmt wieder vergessen.

Als die Mutter am andern Morgen im Nachthemd auf dem Kinderstühlchen saß und der Vater im Hut vor dem Gatter stand und dem Kind das Essen eingeben wollte, lehnte es wieder ab und zeigte auf die Decke des Schranks. Die Eltern erfüllten ihm den Wunsch nicht, aber das Kind aß nichts.

Nach zwei Tagen, als es bereits Schwächeerscheinungen zeigte, weil es außer Wasser nichts zu sich genommen hatte, gaben die Eltern nach, die Mutter kletterte im Nachthemd auf den Schrank und legte sich flach hin, worauf das Kind sofort und mit großer Begeisterung seinen Brei aß, sich aber immer wieder mit Blicken versicherte, ob die Mutter ihm auch wirklich beim Essen zuschaue. Die

Eltern waren nach dieser Niederlage sehr geschlagen und schauten geängstigt dem entgegen, was noch kommen würde. Man kann sich fragen, ob ihr Verhalten richtig war, aber sie sahen keinen andern Weg, um das Kind nicht verhungern zu lassen. Die Kinderärztin, die immer für die Kinder und gegen die Eltern entschied, empfahl dringend, den Wünschen des Kindes nachzugeben, da es wichtiger sei, daß das Kind esse, als daß die Eltern möglichst sorglos lebten, und ein Kinderpsychologe, mit dem der Vater bekannt war, konnte auch nicht helfen, sprach von einer etwas verfrühten Trotzphase und machte vage Hoffnungen, daß sie vorübergehend sei.

Dafür gab es aber noch keine Anzeichen, denn als das Kind das nächstemal essen sollte, rannte es zum Fenster und war nicht mehr davon wegzubringen. Der Vater wies das Kind auf die Mutter hin, die ordnungsgemäß im Nachthemd auf dem Schrank lag, deutete auf seinen Hut und wollte ihm das Essen über das Gatter geben, aber das Kind schüttelte sich am ganzen Körper und griff mit beiden Händen nach dem Fenstersims. Der Vater wollte es zwar nicht wahrhaben, aber er wußte, was das bedeutete. Das Zimmer lag im ersten Stock, er holte also eine Leiter im Keller, stellte sie außen an das Haus, stieg darauf zum Kinderzimmer hoch und reichte dem Kind den Brei durch das offene Fenster. Das Kind strahle und aß alles auf.

Am folgenden Tag regnete es, und der Vater erstieg die Leiter zum Kinderzimmer mit einem Regenschirm. Von nun an mußte er immer mit dem Regenschirm ans Fenster kommen, unabhängig vom Wetter, sonst wurde der Brei nicht gegessen.

Inzwischen hatten die Eltern, um sich etwas zu entlasten, ein Dienstmädchen genommen. Das Kind jedoch lehnte dieses gänzlich ab und wollte sich nur von der Mutter betreuen lassen. Auch die Hoffnung, das Dienstmädchen könne sich im Nachthemd der Mutter auf den Schrank legen, erwies sich als falsch, das Kind verfiel fast in Tobsucht ob des plumpen Täuschungsversuches. Als aber das Dienstmädchen das Zimmer verlassen wollte, war es auch wieder nicht recht. Es mußte am Gatter stehenbleiben und ebenfalls zusehen, wie das Kind aß, und auch das reichte noch nicht. Es aß erst,

wenn das Dienstmädchen bei jedem Löffel, den es schluckte, einmal eine Rasselbüchse schüttelte.
Das, hätte man annehmen können, war nun fast das äußerste, aber jetzt fing das Kind an, den Vater wegzustoßen, wenn er sich über den Sims lehnte, und auch den Teller mit dem Brei hinunterzuwerfen, den der Vater jeweils aufs Fensterbrett stellte. Dem Vater fiel nichts anderes mehr ein, als sich eine sehr hohe Bockleiter zu kaufen. Die stellte er in einiger Entfernung von der Hausmauer auf, stieg dann hoch und verabreichte dem Kind den Brei mit einem Löffel, den er an einem Bambusrohr befestigt hatte. Um mit diesem Löffel in den Brei eintauchen zu können, mußte er den linken Arm mit dem Teller ganz ausstrecken, konnte also den Brei nicht auf der Leiter abstellen. Da er aber nicht ohne Schirm auftreten durfte und ihn nicht wie bisher in der Hand halten konnte, hatte er sich ein Drahtgestell angefertigt, das er auf die Schultern nehmen konnte und in welches der Schirm eingesteckt wurde, so daß er ihn etwa in derselben Höhe über sich trug, als wenn er ihn in der Hand hätte.
Ein Nachbar, der zu diesem Zeitpunkt seinen Feldstecher auf das Haus gerichtet hat, sieht also folgendes:
Der Vater reicht dem Kind den Brei in einem an einer Bambusstange befestigten Löffel von einer Bockleiter außerhalb des ersten Stockes durchs Fenster. Dazu trägt er einen Hut und einen Regenschirm, den er an einem Drahtgestell über den Schultern festgemacht hat. Die Mutter liegt im Nachthemd auf dem Schrank, und das Dienstmädchen steht vor dem Gatter, das im Türrahmen eingeklemmt ist. Beide schauen zu, wie das Kind ißt, und das Dienstmädchen schüttelt zusätzlich bei jedem Löffel, den das Kind schluckt, eine Rasselbüchse.
Wenn diese Bedingungen erfüllt sind, und nur dann, dann ißt das Kind.«

Weicht die Entwicklung des Kindes von den genannten Regeln ab, entstehen also zwangsläufig Störungen. Das Sich-Wehren gegen die Störungen verläuft ebenfalls nach bestimmten Gesetzmäßigkeiten.

Um uns in die Lage des von der Herrschsucht betroffenen Kindes einfühlen zu können, wollen wir zwei dieser Gesetzmäßigkeiten genauer untersuchen:

- die Gesetzmäßigkeit, nach der die suchtartige Abhängigkeit entsteht, sowie
- die Gesetzmäßigkeit, nach der die Blockierung der Persönlichkeits- und Intelligenzentwicklung entsteht.

### *Die Gesetzmäßigkeit, nach der eine suchtartige Abhängigkeit entsteht*

Grundbedürfnisse müssen befriedigt werden und dürfen nicht ungesättigt bleiben. Das gilt in erster Linie für *das Grundbedürfnis nach Geborgenheit und Bindung*, denn dieses ist dem Selbsterhaltungstrieb gleichzusetzen. Es ist im Leben allerdings auch unvermeidlich, daß hier gewisse »Unterlassungssünden« geschehen. Auch deren Auswirkungen gehören zu einem natürlichen Korrektiv in der Entwicklung.

Jeder Kulturkreis birgt seine eigenen Gefahren in sich, zum Beispiel die Kinderbetreuung durch wechselnde Bezugspersonen als Muttterersatz in reichen Familien, die Unterbringung der Kinder in Tagesstätten, die nach ideologisch-gesellschaftlichen Regeln geführt werden, wie es in den Ostblockländern geschieht. Erinnern wir uns an die Kinderbetreuung, die in den Jahren von etwa 1900 bis 1975 üblich war. Unsere Mütter folgten in bester Absicht den modernen wissenschaftlichen Begründungen, einen Säugling bei Kummer nicht zu trösten und auch nicht mit Zärtlichkeiten zu verwöhnen.

Gerd Biermann beschreibt »die Panorama-Kinder, jene frustrierten Säuglinge, die in Glasscheiben-Kinderwagen auf dem Bauch liegend in einer Art Bildstreifen-Sehen der chaotischen Hektik des Großstadtverkehrs ausgeliefert waren und keine Chance hatten, das Antlitz der Mutter zu sehen.«[25]

Ebenso bringt unser Kulturkreis, in den Kinder hineingeboren werden, spezifische Gefährdungen mit sich, die mit verschütteten Instinkten zu tun haben, wie in diesem Buch schon aufgeführt. Denn zur Veränderung eines genetischen Merkmals würde eine Gattung im Laufe der Evolution viele tausend Jahre brauchen – beispielsweise bis der Mensch die Behaarung ganz verliert. Eine so lange Zeit wäre auch notwendig, bis der Mensch die Bedürfnisse des Traglings aufgeben kann und das Baby gleich nach der Geburt die Loslösung erträgt. Andererseits aber verändern sich die Lebensbedingungen dem technischen Fortschritt zufolge von Jahr zu Jahr. Dieser Entwicklung kann ein außerordentlich sensibles Kind zum Opfer fallen.[26] Zum Beispiel macht das hohe Niveau der medizinischen Technik möglich, daß Frühgeborene im sechsten bis siebten Schwangerschaftsmonat oder auch termingerecht Geborene mit akutem Sauerstoffmangel am Leben erhalten werden. Das geschieht für den Preis des zu frühen Abbruches der Symbiose von Mutter und Kind. Die totale Vereinsamung des Kindes wird durch eine sogenannte »Intensivpflege« ersetzt. Unter »intensiv« wird nicht die intensive Zuwendung der Mutter verstanden, sondern die moderne Technik des Brutkastens.

Ich nehme an, daß eine weitere Gefährdung in unserer heutigen Zeit das rooming-in sein kann, das in vielen Krankenhäusern nur teilweise praktiziert wird. Für das Kind gibt es nur tagsüber ein enges Zusammensein mit der Mutter. In der Nacht werden die Säuglinge in eigenen Zimmern isoliert und dort von sich meist abwechselnden Schwestern beruhigt. Ich vermute, daß dieses emotionale Wechselbad von verheißungsvoller und vorhersehbarer Bindung tagsüber und der Verzicht darauf bei Nacht gefährlicher ist, als gar kein rooming-in zu praktizieren. Denn immer wieder muß das Baby von neuem die verängstigende Enttäuschung durchmachen, daß die Erwartungen, die tagsüber in Erfüllung gingen, in der Nacht ins Leere gehen.

Wie wir wissen, wird eine seelische Traumatisierung nicht durch eine einmalige schmerzhafte Erfahrung heraufbeschworen, sondern durch eine Kette von traumatisierenden Erlebnissen. Ein Kleinkind

kann Halbheiten schlecht ertragen, da es noch keinen Zeitbegriff, keine Vorstellungskraft und noch keine Kompromißfähigkeit besitzt, um sich auf einen aus Organisationsgründen aufgestellten Stundenplan einer Institution einzustellen und sich damit arrangieren zu können.
Daneben gibt es seit jeher und überall nicht an den Zeitgeist gebundene Hindernisse, die sich dem Kind bei der Geburt in den Weg stellen: eine Krankheit der Mutter oder des Kindes, die mangelhafte Bereitschaft, ein unerwünschtes Kind zu lieben, die anfänglich auftretende Angst, sich an ein behindertes Kind zu binden, unterschiedliche Anlagen des Temperaments bei Mutter und Kind, die Bindung und Kommunikation hemmen und ähnliches.
Wie schon erwähnt, gehören derartige Störungen zur Dialektik des Lebens; durch die Widersprüche werden die Kräfte zur Auseinandersetzung herausgefordert. Das Baby ist den Störungen jedoch nicht ganz ausgeliefert. Es ist mit einer biologischen Bereitschaft seines Organismus ausgestattet, Veränderungen wahrzunehmen, sich gegen Irritationen abzuschirmen und Kräfte für eine ungestörte Wahrnehmung zu mobilisieren, um ein homöostatisches Gleichgewicht herzustellen. Eine solche unbewußte Lösungsstrategie in Gang zu setzen, ist jedem Lebewesen eigen, sei es Tier oder Mensch.
Ausschlaggebend für das Überleben ist die Belastbarkeit des Betroffenen, mit der er auf eine Störung in seiner jeweiligen Lebenslage reagieren kann. Die Belastbarkeit setzt sich aus einer Menge von Anlagen der Persönlichkeit zusammen: Sensibilität ganz allgemein, daneben angstauslösende Reize, Temperament, Vitalität, Begabung, bisheriger Erfahrungsschatz usw. Die Persönlichkeitsstruktur ist in den verschiedenen Zeiträumen unterschiedlich belast- oder verletzbar; es gibt sogenannte »sensible« Entwicklungsphasen. Von Bedeutung sind die Einflüsse der Umgebung, die Beziehung zu Eltern, Freunden u.a. Das alles kann sich in einer Verzögerung oder Beschleunigung der Entwicklung, in der Formung der Persönlichkeit widerspiegeln. Deshalb sind auch die Spanne und die Variationen des Reagierens auf die traumatisierende Situation breit gefä-

chert. Bei dem einen Kind hinterläßt der Krankenhausaufenthalt ohne Begleitung durch die Mutter zwar eine Verunsicherung, aber letzten Endes das positive Gefühl, »es geschafft zu haben«. Das andere Kind wird in der gleichen Situation schwer neurotisiert oder gar psychotisch.
Nicht jedes Kind wird unter vergleichbaren Umwelteinflüssen herrschsüchtig; das eine wird ein soziales Selbstbewußtsein entfalten, das andere wird nur narzißtisch (in sich selbst verliebt und nach Bewunderung trachtend), aber es wird nicht herrschen müssen.
Von der Intensität und der Dauer der Verängstigung hängt es ab, wie oft das Kind seine Art der homöostatischen Gleichgewichtsherstellung wiederholen muß. Was kann ihm mehr das Gefühl der Sicherheit vermitteln als das Vorhersehbare? Es tut das Bewährte, das, was es selbst im Griff hat.
Es besteht noch ein weiterer Anlaß für die steten Wiederholungen: Die Ersatzbefriedigung sättigt niemals das echte Grundbedürfnis. Der Zustand der Untersättigung verlangt erneut die Herstellung des Gleichgewichtes. Das ist der Teufelskreis, der zu einer suchtartigen Abhängigkeit führt. Der Grad der Abhängigkeit steht in einem engen Verhältnis zum Grad der Angst. Besonders anfällig für die Abhängigkeit von Ersatzbefriedigungen sind die Kinder, die sich ungeborgen fühlen, denn das Bedürfnis nach Geborgenheit fordert stärkere Sättigung als das Bedürfnis nach Essen und Trinken. Eine Rangordnung unter den Bedürfnissen ist hier deutlich zu erkennen.
*Die Erfahrungen des Trostes aus dem Kleinkindalter setzen wir das ganze Leben fort.* Haben wir es auf die natürlichste Weise erlebt, nämlich im Arm des Nächsten gehalten zu werden, bis es einem wieder gutgeht, werden wir diese Lebensweise fortsetzen und bei eigenem Kummer den nahestehenden Menschen aufsuchen, von dem wir die gefühlsmäßige Teilnahme, die Hilfe, die Solidarisierung und die Milderung unseres Kummers erwarten können. Ebenso werden wir uns dem traurigen Nächsten gegenüber verhalten.
*Der erfahrene Ersatztrost wird sich ebenfalls fortsetzen,* wobei die Art und die Intensität der Not darüber entscheidet, ob daraus nur eine vorübergehende oder langfristige Gewohnheit, ein Zwang oder

eine suchtartige Abhängigkeit entsteht. Nebenbei gesagt kann bei einer im Erwachsenenalter ausgebrochenen Krise die Gewohnheit in eine Sucht umkippen. Ich möchte einige Beispiele aufführen, die eine allmähliche Entstehung der Abhängigkeit zur Folge haben können:

– Bekam ein Kind bei Unzufriedenheit und Kummer gewöhnlich die Flasche als Trost gereicht, wird es die gleiche Wahrnehmung des Trinkens und der begleitenden Gefühle unter Umständen beim Auftreten von Problemen im Erwachsenenalter benötigen. Die Größe des Problems ist entscheidend für das Hineinrutschen in eine Trunksucht.

– Wurde dem weinenden Kind als Trost der Schnuller in den Mund gesteckt, gehört es zu seinen Grunderfahrungen, bei Kummer die Lippen mit einem Gegenstand stimulieren zu müssen. Besonders Menschen mit einer unausgereiften Koordination der Mundmotorik neigen zu dieser Art der Ersatzbefriedigung. Wenn dazu die Angst kommt, die Mutter zu verlieren, und der Schnuller als Ersatz für die Mutter nicht vorhanden ist, muß das Kind auf andere Stimuli ausweichen: Es nimmt die Finger oder andere Dinge in den Mund. Später wird dann bei Streß am Bleistift gekaut, oder es muß eine Zigarette geraucht werden.

– Hat das Kind gelernt, sich nur im Alleinsein in seinem Kinderzimmer zu beruhigen, wird es sich später als Erwachsener bei Kummer abkapseln und depressiv werden. Das tröstende Angebot in Form von Körperkontakt wird als unvereinbar empfunden und der Mensch wird mit Berührungsängsten auf ein solches Angebot reagieren.

– Bekommt das Kind zum Trost einen Gegenstand in die Hand gedrückt und der sichtbare und spürbare Besitz wurde zur Ersatzsicherheit, ist der Weg zu einer Abhängigkeit von »Haben«, Besitzenwollen angebahnt.

– Lernte das Erstgeborene bei Geburt eines weiteren Geschwisterchens, sich nur durch Helfen und Leisten sicher zu fühlen, kann es von einem solchen Verhalten abhängig werden und sich selbst unter Leistungsdruck stellen. – Übrigens finden wir diese Problematik häufig bei Erstgeborenen. Die Eltern handeln in bester Absicht, wenn sie dem Erstgeborenen die Vorteile seiner Überlegenheit bewußt machen, etwa so: »Das Baby muß noch gefüttert werden, aber du kannst schon alleine essen; das Baby muß getragen und gewikkelt werden, aber du kannst schon alleine laufen und gehst auf die Toilette.« Die zur Ersatzsicherheit gewordene Leistungsfähigkeit muß aufrechterhalten werden. Ist sie einmal wegen einer Kleinigkeit in Frage gestellt, bricht die ganze Ersatzsicherheit wie ein Kartenhaus zusammen. Genauer betrachtet kehrt sich der gut gemeinte Rat der Eltern für das Kind in eine Qual um: in einen Leistungsdruck, unter den sich das Kind selber setzt, um »auch« geliebt zu werden.

Aus diesen Beispielen wird die Kurzlebigkeit der Ersatzbefriedigungen deutlich: Werden sie verloren, fühlt sich der Betroffene »bis auf den Boden zerstört«. Wenn die Kompensation mit einem Ersatz nicht mehr möglich ist, steht der Mensch mit leeren Händen da, kann sich nicht mehr mögen und betrachtet die Umwelt als feindlich. Ein solcher Neurotiker befindet sich in seinem Leben stets auf einer mit ambivalenter Spannung beladenen Gratwanderung zwischen Begehren der Ersatzsicherheit und dem Mißtrauen dieser gegenüber wegen ihrer Unzuverlässigkeit.

## *Die Gesetzmäßigkeit, nach der die Blockierung der Persönlichkeits- und Intelligenzentwicklung entsteht*

Die Störungen, die sich erst in der Stufe der höchsten kognitiven Fähigkeiten ereignen, das heißt, erst wenn das Kind die Sprache, die Bewertung des eigenen Ichs, die Orientierung in Zeit und Raum und die Kompensationshilfen beherrscht, scheinen nicht so gefährlich zu sein. Denn das Kind besitzt ein zuverlässiges Fundament für die Wahrnehmung der Realität, welches sich in den ersten ein bis zwei Jahren im Zuge der kognitiven Prozesse bildete, die von der konkreten Verarbeitung durch die Sinne und die Motorik abhängen.

Dagegen scheinen die Störungen in der Vorstufe der Ich-Identität (siehe Schema 1, die Es-Stufe!) für das Kind eine größere Gefährdung zu bedeuten. Das Kind ist noch nicht in der Lage, die Erfahrungen einzuordnen, zu korrigieren, zu objektivieren. Es denkt noch rein egozentrisch. Für das Kind entsteht durch die Störung in Form einer zu frühen Anpassung an die Einzelelemente der Realität ein verzerrtes Bild von der komplexen Realität. Dies hat eine Abwendung von der Realität zur Folge. Ein Beispiel: Das Kind widmet sich nur einem Rad an seinem Spielauto, ohne die weiteren Spielmöglichkeiten auszuprobieren. (Später wollen wir uns die Gefährlichkeit des schmalspurigen Wahrnehmens am Beispiel des Autismus verdeutlichen.)
Wenn das Baby den Verzicht auf die Umweltanpassung zu seiner Ersatzsicherheit machte, wird es sich neuen und verunsichernden Erfahrungen verschließen und sich in seiner Entwicklung blockieren. Diese Blockierung geschieht dann nicht nur in der Sozial-, sondern auch teilweise oder ganz in der Intelligenzentwicklung. Zur Gesetzmäßigkeit einer Störung gehört, daß eine blockierte Entwicklungsstufe den Aufbau der nächstfolgenden Stufe nicht zuläßt. »Jedes Versagen der frühen Anpassung ist ein traumatisierender Faktor, der die Integrationsprozesse stört.«[27] Das zwanghafte Bestehen auf Ersatzsicherheiten, das keine Alternativen zuläßt, hat einen suchtartigen Charakter. Je früher die Störung einsetzte, um so eher kann sie in eine Psychose übergehen. Von den möglichen Fehlentwicklungen in diesem Sinne möchte ich zwei nennen: den frühkindlichen Autismus und die Herrschsucht.
*Den Versuch einer Erklärung des Autismus wage ich,* um ähnliche Gesetzmäßigkeiten eines krankhaften Prozesses, der für die Herrschsucht zuständig ist, verständlicher zu machen.
Voraussetzung für die Entstehung des *Autismus* ist eine angeborene Disposition des Kindes dazu. Man rätselt, aus welchen Anlagen diese Disposition besteht. Unter anderem wird eine hohe Empfindlichkeit gegen angstauslösende Reize, eine Bevorzugung des schematisch-analysierenden Denkens und eine extreme Introversion angenommen. Wenn ein solches Kind nach der Geburt auf die Bindung ver-

zichten muß und durch eine Reizüberflutung in Streß gerät, muß es selbst sein homöostatisches Gleichgewicht herstellen. Dies tut es, indem es seine Sinne und die Motorik – über mehr Fähigkeiten verfügt das Kind noch nicht – einsetzt, um sich sicherheitsspendende, vorherseh-, spür- und hörbare Reize zu holen. Diese Reize, beispielsweise das Anhören des eigenen Herzschlages oder das Anschauen der Lampe im Brutkasten, dienen der Ersatzbefriedigung und werden bevorzugt. Alle anderen unvorhersehbaren und verunsichernden Reize werden von dem Säugling gemieden und unter Umständen verweigert. Von diesem Zeitpunkt an ist der Prozeß einer Anpassung blokkiert. Das Kind kann sich neuen Reizangeboten nicht anpassen und ist deshalb auch nicht in der Lage zu lernen.

Ein solches Kind bevorzugt dann die leblosen Gegenstände, weil diese nach bestimmten Regeln vom Kind besser manipulierbar sind als die Menschen. Anstatt die Beruhigung in der Bindung zur Mutter zu finden, sucht das Kind sie in immer wiederkehrenden und bestimmten Tätigkeiten sowie bei den zwanghaft bevorzugten Gegenständen und Manipulationen. Das ist dann für das Kind der Bindungsersatz.

Sein spontanes Tun besteht aus einem steten Bestreben, sich selbst und die nächste Umwelt nach eigenen Regeln vorhersehbar zu machen. Dies artet in einen totalen Rückzug in sich selbst aus. Sollte ein Kontakt zur Außenwelt zustandekommen, dann wird dieser in einer stereotyp wiederkehrenden Weise gepflegt. Jede unerwartete Veränderung löst panische Angst aus. Die Entwicklung der Neugierde »friert hier schon in der allerersten nachgeburtlichen Entwicklungsstufe ein«. Fähigkeiten wie Blickkontakt, Nachahmung, Erkundung der Alternativen bei Gegenständen (intermodale Stufe), entwickeln sich nur lückenhaft. Noch lückenhafter ist die Entwicklung der schematisierenden Stufe. Zum variationsfreudigen, mutigen geistigen Kombinieren, das eine Voraussetzung für die Kommunikationsbereitschaft und freies Mitspielen ist sowie auch zur Ich-Identität, kommt der Autist nicht (siehe Schema 2).

Der Autist gelangt bei intensiver Förderung – vorausgesetzt ein verborgenes Intelligenzpotential ist vorhanden – in eine ähnliche

Entwicklungsstufe wie die des schematisierenden Denkens (siehe Schema 3). In dieser Stufe kann sein Autismus in eine *zwanghafte Autokratie, das heißt Herrschsucht* übergehen. Dies geschieht folgendermaßen: Wenn der Autist seine Neugierde für Kontakte mit Menschen gefunden hat, diese in seine Handlungsschemata miteinzubeziehen versucht und ihm dies auch voll gelingt, wird er den Erzieher in seine immer noch vorhandenen Zwänge – allerdings um eine Stufe höher – miteinbeziehen müssen.
Zu der Aufzeichnung des hierarchischen Entwicklungsmodells und der Störungen (Schema 3 und 4) möchte ich noch ergänzen: Die sozialen Einstellungen, einschließlich Mitteilungsfähigkeit und Kooperationsbereitschaft, verharren unterentwickelt in den Stufen, in denen die Risse in der Entwicklung entstanden sind, und wenn in höheren Entwicklungsstufen eine Störung auftaucht, ist das »brüchige Gebäude einsturzgefährdet«. Die Kinder neigen dann dazu, ihre Entwicklung rückgängig zu machen. Sie kehren zu vertrauten Sicherheiten von früher zurück. Nach diesen Gesetzmäßigkeiten läuft auch eine neurotische Regression ab. Ein Beispiel: Ein Erstgeborenes ist mit drei Jahren schon sauber und kann alleine aus einem Glas trinken. Fühlt es sich wegen einer frisch ausgebrochenen Geschwisterproblematik weniger geliebt, näßt es wieder ein und verlangt nach der Flasche, als wäre es ein Baby. Auch bei späteren Angstzuständen, etwa vor schulischem Versagen, regrediert es ins Einnässen und in die Stimulation des Mundes durch Daumen, Stifte, Nägelkauen und dergleichen.

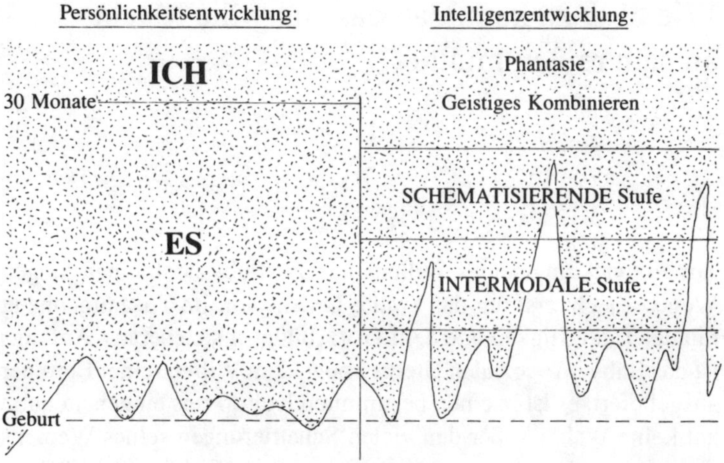


*Schema 2:* Blockierung der Entwicklung beim frühkindlichen Autismus

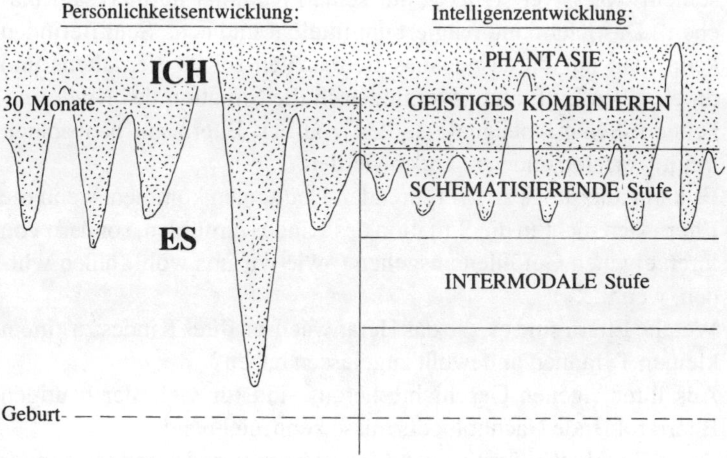


*Schema 3:* Blockierung der Entwicklung bei Herrschsucht

# Wie es dazu kam, daß das Baby die Macht an sich reißen mußte

Zur Entwicklung seines Willens hat das Baby noch einen langen Weg vor sich; erst um das zweite Lebensjahr, im Zusammenhang mit der Tatkräftigkeit und dem Trotz, bildet er sich heraus. Anfangs ist das Baby im »sozialen Uterus« noch dem Willen seiner Betreuer ausgeliefert, es ist in einen bestimmten Kulturkreis eingebettet und hat keine Wahl. Außer den vielen Schattierungen seines Weinens und Lachens kann es noch nicht einmal seine Gefühle ausdrücken, weder sprachlich noch auf Umwegen mit demonstrierenden Verhaltensweisen, weil es über das dazu notwendige geistige Kombinieren noch nicht verfügt. (Ein größeres Kind kann auch mit Schweigen auf sein Beleidigtsein hinweisen, ein Mann kann seine Frau mit seinem exzessiven Trinken auf seinen Kummer aufmerksam machen.) Das Kleinkind reagiert unmittelbar und echt. Sein Befinden kann man nur durch genaues Beobachten seines Verhaltens und durch gutes Einfühlungsvermögen in die Situation des Kindes erkennen. Seine Notsignale sollten von den Eltern gut beobachtet, intuitiv erraten und verstanden werden.

Es kann allerdings zu irreführenden Deutungen kommen, wenn die Eltern sich nicht in die Situation des Kindes einfühlen, sondern von ihren eigenen Gefühlen ausgehen (»wie wir uns wohl fühlen würden, wenn …«).

Welche Eltern sind es, die das Heranwachsen ihres Kindes zu einem kleinen Tyrannen unbewußt zugelassen haben?

Aus ihrer eigenen Geschichte heraus sind für viele der heutigen Eltern folgende Nachholbedürfnisse kennzeichnend:

– *Ein Nachholbedürfnis nach Liebe* zeigen vorwiegend die Kinder der Nachkriegsgeneration, deren Eltern alle Kräfte für den Wiederaufbau benötigten. Dazu kam bei vielen Frauen der Wunsch nach eigener Selbstverwirklichung und Emanzipation. Manche Mütter (heutige Großmütter) haben sich deshalb weniger ihren Babys gewidmet. Sie haben sie Babysittern, Pflegeeltern, Kinderhorten und dergleichen anvertraut. Auch in den Nächten mußten die Babys mit sich selbst alleine fertig werden. Denn die allgemein geltende Empfehlung von damals war, die Kinder von Geburt an nicht zu verwöhnen, sondern sie schreien zu lassen, damit sie sich daran gewöhnen, Frustrationen zu ertragen.

– *Ein Nachholbedürfnis nach Freiheit* kennzeichnet ebenfalls diese Generation. Zum Konzept der damaligen Erziehung gehörte ein autoritäres Hinführen zum Einhalten von Regeln, Verboten und Geboten. Das Kind hatte sich von Geburt an an Regeln zu gewöhnen. Gefüttert wurde nur nach bestimmtem Zeitplan und mit dem Füttern bekam es auch seine Streicheleinheiten. Die Trotzphase wurde unterbunden, indem das Kind für sein Trotzen bestraft wurde. Es traute sich weder seine Wut und seinen Zorn zu äußern, noch mit Wort und Tat seinen Willen durchzusetzen. Die Ängste vor einem spontanen Ausdruck der Gefühle führten zu Hemmungen, die bis ins Erwachsenenalter hineinreichen. Die nicht gelebte Wut staute sich, und kam es dann doch zu einer Explosion – wenn man sich unerlaubt die Freiheit dazu nahm – entstanden starke Schuldgefühle.

Während die Grundbedürfnisse nach Liebe und Freiheit ungesättigt blieben, haben die Kinder Ersatzbefriedigungen einsetzen müssen. Als besonders wirksam erwies sich das Erbringen von Leistungen. Das Kind fühlte sich nicht vorbehaltlos geliebt, sondern nur dann, wenn es gut aß, wenn es nicht weinte, wenn es folgte. Eine Chance, sich voll angenommen zu fühlen, bekam das Kind ab dem ersten bis zweiten Lebensjahr, als es redete, vernünftig spielte, intellektuelle Leistungen wie Zeichnen, Schreiben, Lesen und Rechnen erbrachte und als es begann, der Mutter zu helfen. Für diese leistungsbetonte Einstellung konnte das Kind im Rahmen seiner Anpassung an ein autoritär-konsequentes Erziehungskonzept seine erwartete Bestätigung zuverlässig erreichen. Je fehlerfreier und perfekter die Leistung, um so mehr kann man sich auf das Lob verlassen. So wurden

das Leistungsvermögen, die Intellektualisierung, der Perfektionismus und das Helfen zu Grundsicherheiten.
Eltern, die so erzogen wurden, wollten nun, daß es ihr Kind besser habe. Aufgrund eigener Nachholbedürfnisse ergibt sich folgendes typisches Bild der Kinderbetreuung und -erziehung: Die Eltern lassen sich wieder stärker auf die Instinkte bei der Kinderbetreuung ein. Sie bevorzugen dichten Körperkontakt, indem sie das Kind am Körper tragen und es stillen. Gewöhnt an Anpassung, fügen sie sich dem Kind um so bewußter, weil sie den intellektuell begründeten Empfehlungen der Psychologen und Pädagogen folgen. (Inwieweit auch deren Lehre durch eigene Nachholbedürfnisse verformt ist, lassen wir an dieser Stelle offen.) Die Empfehlung heißt: Niemals dem Baby etwas aufzwingen, wozu es keine Lust hat, sondern ihm seinen eigenen Willen lassen. Man beginne damit, sobald das Kind geboren ist! Man halte es und schaukele es in dem Tempo, in dem es sich am schnellsten beruhigt. Sobald es unruhig ist und möglicherweise Hunger hat, soll es an die Brust angelegt werden. Wenn es sich von der Hand losreißen möchte, darf man es daran niemals hindern, um den Willen des Kindes nicht zu brechen. Vielmehr sollte man es ablenken … Und wenn es tausendmal »warum« fragt, soll man ihm immer und geduldig eine Erklärung geben, auf das Kind lieber einreden als ihm eine Grenze zu setzen. Die Betreuung des Kindes wird mit einem perfektionistischen Anspruch geleistet. Ein Quantitätsehrgeiz wird wach. Die Mutter ist stolz darauf, ihrem Kind bis zu seinem vierten, fünften Lebensjahr und wann immer es auch will, Milch geben zu können.
Indem sie eigene Bedürfnisse in das Kind projizieren, gehen die Eltern oftmals an den wahren Grundbedürfnissen des Kindes vorbei. Sie geben dem Kind den Willen, wenn es Geborgenheit nötiger hat. Und sie geben ihm nach, um ihm Liebe zu schenken, obwohl es Grenzen braucht, um daran seinen Willen entfalten zu können.
Das folgende Schema zeigt die Gefahrenstellen für die Entstehung der Herrschsucht noch einmal deutlich auf:

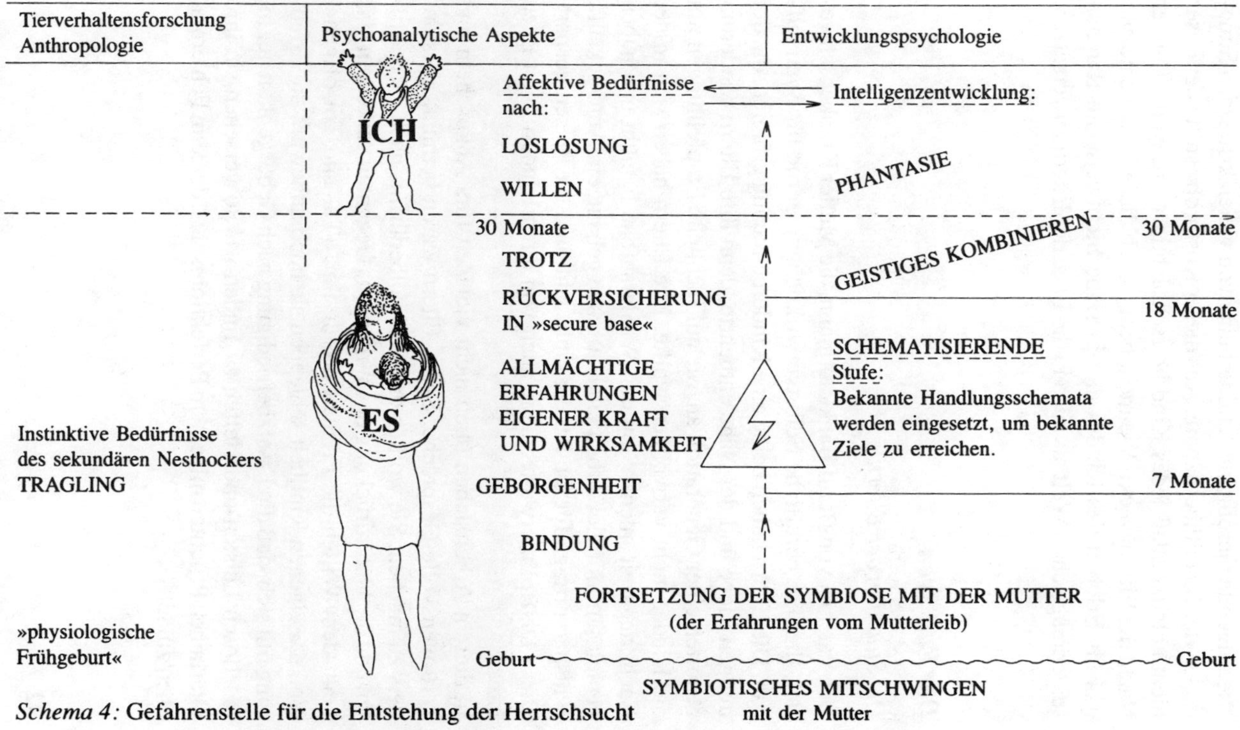


*Schema 4:* Gefahrenstelle für die Entstehung der Herrschsucht

Die folgende Geschichte schildert eine von vielen kritischen Situationen der Machtübernahme. Aus dieser Kostprobe sollte der Leser nicht ableiten, daß jedes Kind herrschsüchtig wird, weil es in der Nacht die Eltern weckt. Vielmehr benutze ich diese Geschichte, um uns ins Erleben des Kindes und in seine Sichtweise im Rahmen seiner magischen Welt als auch in die Lage der Eltern zu versetzen.

## *Der Fall Sven*

### *Die Situation der Eltern*

Der Vater ist von Beruf Bankkaufmann, die Mutter Krankenschwester, die ihre berufliche Selbstverwirklichung gerne für Sven aufgab. Die Eltern haben beide eine Kinderbetreuung erfahren, die der innigen Liebe und der Nähe entbehrte, denn ihre Eltern wiederum gehörten einer Generation an, die auf fachliche Empfehlungen hin die Kinder nicht verwöhnen wollte. Ihre Eltern haben sich in der Nachkriegszeit intensiv um den Wiederaufbau bemüht und haben gemeinsam mit viel Arbeit ein Häuschen gebaut, ein Auto gekauft, Bausparverträge für die Kinder einbezahlt und für Reisen gespart. Diese Disziplin erwarteten sie auch von ihren Kindern, von ihren Erben.

In diesem Arbeitsleben blieb nicht viel Zeit fürs Ankuscheln und vertrauensvolle Gespräche. Svens Eltern waren bemüht, alles anders zu machen: Sie wollten das Nachholbedürfnis nach Liebe stillen und die Unterdrückung des Willens ins Gegenteil verkehren, das heißt dem Willen die Freiheit lassen, ihm »Tür und Tor öffnen«. Von der eigenen Kindheit schleppen sie noch unbewußt die Erfahrung mit sich, daß die Ersatzbefriedigung nach Geborgenheit nur im tadellosen Leisten und Helfen zu finden ist. So versehen sie ihre elterlichen Pflichten mit einem Perfektionismus, der kein Fehlermachen zuläßt.

*Svens Vorgeschichte*

Die Schwangerschaft verlief ohne gesundheitliche Komplikationen. Die Mutter fühlte sich innigst mit ihrem Kind verbunden und »führte mit ihm unzählige sanfte Gespräche«, indem sie zu ihm redete und ihn streichelte. Um ja einen Geburtsschaden zu vermeiden, entschlossen sich die Eltern für einen Kaiserschnitt. Die Operation und die Narkose verhinderten die nahtlose Fortsetzung der Symbiose zwischen Mutter und Kind. Sven konnte nicht sofort auf den Bauch der Mutter gelegt werden. Das rooming- in war unvollständig. Sven war tagsüber bei der Mutter zufrieden und weinte jeden Abend, wenn er von ihr entfernt und in das Säuglingszimmer für die Nacht verlegt wurde. Das Krankenhauspersonal meinte es gut mit der Mutter, die nach dem Kaiserschnitt wohl einer Erholung bedurfte, damit sie bei der Heimkehr wieder über die nötigen Kräfte verfüge. Sven hat diese Kette von plötzlichen und immer wiederkehrenden Veränderungen soweit überstanden, daß kein Zusammenbruch bei ihm zu beobachten war. Er war ein fröhliches und kontaktfreudiges Kind, das kaum schrie. Trink- und Schlafrhythmus pendelten sich ein. Mit fünf Monaten schlief Sven durch und wurde vom elterlichen Schlafzimmer zur Nacht in sein Kinderzimmer verlegt. Die Eltern freuten sich über die Entwicklungsfortschritte ihres Kindes und wollten nie, daß Sven zu einem nicht-losgelösten Kind heranwächst. Von anderen Eltern hatten sie gehört, daß deren Kinder ganze Nächte zwischen Ehe- und Kinderbett hin und her pendelten und beim Zubettgehen größte Probleme mit dem Abschied hatten. Jeder noch so unmögliche Anlaß war gerade recht, um die Eltern noch einmal zu stören.

(Hier möchte ich gerne noch einmal auf das absurde erzieherische Denken in der heutigen Zeit hinweisen. Die Loslösung der Kinder wird *vor* dem Zustandekommen einer Bindung angestrebt. Der »Loslösungsraum«, die »Einzelhaft«, das Kinderzimmer wird schon vor der Zeugung des Kindes geplant.)

*Die Nacht der Machtübernahme*

Mit acht Monaten hatte Sven einen fieberhaften Infekt, der einen Fieberkrampf nach sich zog. Das Fieber war abgeklungen, trotzdem weinte er in der Nacht. Und nun erlebte Sven in seiner magischen Welt, zu der er, die Eltern und die Wohnung gehörten, ein grandioses Ereignis: In der Ferne, wie auf einem Planeten, geht das Licht an, im elterlichen Schlafzimmer, im Wohnzimmer, im Flur und im Kinderzimmer. »Es werde Licht!« – so ähnlich muß ein Allmächtiger empfinden. Solange das Kind noch weint, kommt die große Mutter durch diese magische Welt, die einem All gleicht, immer näher auf das Kind zu. Sie prüft gewissenhaft, was dem Kind fehlen könnte. Es hat kein Fieber mehr, ist auch nicht naß, aber vielleicht könnte es Durst haben. Sie geht in die Küche, um die Flasche in dem eigens dafür vorgesehenen Elektrowärmer aufzuwärmen.
Sven erlebt, daß sein Weinen das große Licht, das Kommen der Mutter und das Reichen der Flasche ausgelöst hat. Er trinkt nicht, denn er hat gar keinen Durst. Aber er läßt sich beruhigen, und die Mutter löscht wieder alle Lichter und geht ins Schlafzimmer zurück. Das war ein großartiger Erfolg für Sven! Welch ein berauschendes Gefühl, die ganze Welt bewegt zu haben; das ist überhaupt nicht zu vergleichen mit den Spielchen, die die Mama am Tage mit ihm macht. Er versucht es noch einmal – und tatsächlich, sobald er die Stimme erhebt, wiederholt sich das »all-bewegende« Geschehen, und wieder ist das berauschende Gefühl da, das einer »Allmacht« gleicht.

*Die Ausdehnung der Machtansprüche*

Die nächste Nacht probiert es Sven nochmals und wie erwartet, es funktioniert. Jetzt häufen sich die Schreiattacken. Die Mutter läuft fünf-, zehn-, zwanzigmal zwischen ehelichem Schlafzimmer und Kinderzimmer hin und her. Sven hat die Nacht zum Tage gemacht. Der Vater muß für den nächsten harten Arbeitstag ausgeruht sein und bittet die Mutter, beim Kind im Kinderzimmer zu schlafen. Hier taucht das Gespenst des Sich-nicht-loslösen-Könnens erstmalig auf.

Der verzweifelte Vater bittet die Mutter, etwas zur Ablenkung des Bubens zu unternehmen. Die Mutter trägt Sven hin und her, aber das ist ihm nicht attraktiv genug. Erst, wenn sie ihn ins Wohnzimmer trägt und die Lichter anmacht, spürt er wieder seine Wirksamkeit. Sven will nicht schlafen, er möchte viel lieber spielen. Die Mutter läßt Spielzeugautos vor seinen Augen hin und her fahren, um ihn zur Nachahmung zu animieren, ihm ist das jedoch zu wenig. Er nimmt die Hand der großen Mama und leitet sie zum Umgang mit den Autos an. Obendrein löst er auch noch jedesmal ein »tüt-tüt« bei ihr aus. Er hat ihre Hand und ihre Stimme im Griff.
Der Verdacht eines »umgekehrten Schlafrhythmus« bestätigt sich nicht, denn er findet auch am Tage nicht den notwendigen Schlaf. Das Kind wird immer unruhiger. Nach mehreren nervenaufreibenden Wochen entschließen sich die Eltern, dem Rat des Kinderarztes nachzugeben und den Schlafrhythmus medikamentös zu normalisieren. Die starke Wirkung der Medikamente bringt auch sofort einen Erfolg. Das umtriebige, tyrannische Verhalten verlagert sich jetzt aber auf andere Situationen, auf das Essen und auf das Sitzenbleiben im Kinderwagen beim Einkauf und bei Spaziergängen. Mit Entsetzen hören sich die Eltern den Verdacht des Kinderarztes an, daß der Virusinfekt, gekoppelt mit dem Fieberkrampf, eventuell einen kleinen Hirnschaden zur Folge haben könne.

### *Gelegenheiten zur Machtübernahme*

Forscht man nach, ab wann bei dem bis dahin unauffälligen Säugling »der Teufel los war«, so stellt man fest: Es geschieht immer in den Situationen, in denen die Eltern auf die zu erreichende Entwicklungsnorm achten und alles tun, damit das Kind sich altersgemäß entwickelt. Was erwartet man von einem sechs bis zwölf Monate altem Kind? (Bei Behinderung verschieben sich die Normen unter Umständen um Jahre.) Man erwartet, daß das Kind durchschläft, sich von flüssiger auf festere Nahrung und auf Gemüse- und Obstmahlzeiten umstellen läßt und daß es das Krabbeln und das Laufen erlernt, also *Schlafen, Essen und Bewegung*. Den Eltern ist besonders das Schlafen und Essen wichtig, und dies nicht nur, weil hier die eigene Erziehungsfähigkeit bestätigt wird, sondern weil Essen und Schlafen lebensnotwendig, ja lebenserhaltend sind. Hier werden die Eltern an ihrem »empfindlichsten« Nerv getroffen. Sie lassen sich daher leicht zu dem Machtkampf herausfordern, den sie dann aber verlieren. Die Auseinandersetzung mit dem Widerstand macht dem Kind wiederum die eigene Stärke bewußt.

Auf der Stufe des »schematisierenden Denkens« geschieht kennzeichnenderweise die Machtübernahme im hartnäckigen Bestehen auf ein – und zunehmend mehrere – bestimmte Handlungsschemata, das heißt, es werden in bestimmten Situationen bestimmte Mittel eingesetzt, um ein bestimmtes Ziel zu erreichen. Dieses Bestehen auf bestimmte, eigensinnig aufgestellte Regeln, die nur dem eigenen Zweck dienen, hat den Charakter von Marotten. (Mich erinnert diese Art des Herrschens an die Gewalt- und Gesetzesausübung eines totalitären Staates. Auch hier werden reine Selbstzweckregeln aufgestellt, und es wird stur auf deren Einhaltung geachtet.)

Je besorgter die Eltern sind und je intensiver ihr Mit- und Schuldgefühl ist, um so leichter haben es die Kinder, sie zur Nachgiebigkeit zu zwingen. Zusätzlich bringt die Entwicklungsphase ihre Probleme mit sich: Es ist die Zeit des Zahnens und der Impfungen. Das Kind sollte sich nach der Norm schon bewegen und in einfacher Art mitteilen, und genau jetzt werden die schrecklichsten Diagnosen gestellt, es könnte der Verdacht einer Sinnesschädigung, einer Körperbehinderung oder einer geistigen Behinderung gestellt werden. Man hilft dem Spätzünder mit allen Mitteln, eine Leistungsfähigkeit nach Norm – auch das Denken der technokratischen Gesellschaft! – zu erreichen.

*Beispiele für Schlafstörungen*

Sven weckt die Mutter nachts, verlangt nach der Beleuchtung und nach der Flasche, von der er aber nicht trinken möchte. Später baut er seine »Gesetzesgebung« aus, indem er auf dem Arm der Mutter durch die ganze Wohnung getragen werden möchte. Er gibt an, nach welchem Ritual die Lichtschalter bedient werden sollen, und schließlich muß die Mutter nach seiner Regieanweisung die Spielzeugautos bedienen.
Irene verlangt jede Nacht genau um 1.20 Uhr – man kann den Wecker danach stellen –, zur Mutter ins Bett geholt zu werden. Die Mutter darf sich aber nicht hinlegen, sondern muß im Schneidersitz das Mädchen im Arm wiegen und die Melodie von einem bestimmten Schlaflied summen, wohlgemerkt summen, denn wenn sie den Text singt, protestiert Irene mit heftigem Geschrei. Für Irene ist der Höhepunkt dieses Rituals, wenn sie dann noch zusätzlich den Ehering der Mutter auf ihrem Fingerchen rotieren lassen kann.
Ralph besteht beim Einschlafen darauf, daß die Mutter auf seiner Bettkante sitzt und seine linke Hand solange in ihrer Hand hält, bis er eingeschlafen ist. Er gestattet der Mutter nicht, daß sie sich auch hinlegt, ihn streichelt oder gar seine rechte Hand statt der linken hält.

*Eßstörungen*

Ähnlich wie im Fall Luisa geschildert, mußte auch der fünfzehn Monate alte Jan wegen eines äußerst schlechten Ernährungszustandes in die Kinderklinik aufgenommen werden. Seit seinem siebten Monat nimmt Jan nur Muttermilch zu sich und verweigert jedes andere Nahrungsangebot. Die Mutter würde gerne weiter stillen, aber ihre Milch reicht nicht mehr für die Ernährung des Kindes. Jan weckt die Mutter dreimal pro Nacht und verlangt, gestillt zu werden. Wenn sich die Mutter weigert, versucht er, ihr das Nachthemd zu zerreißen, und beißt sie in die Brust, bis sie blutet.
Ich kenne einige Mütter, die ihre Kinder bis zum vierten Lebensjahr stillen, einfach so lange, bis diese es selbst nicht mehr wollen. Eini-

ge dieser Kinder haben sich zu Herrschsüchtigen entwickelt, die ihre Mütter »melken«, überall, wo es ihnen einfällt. Sie benutzen die Mutter, ohne danach zu schauen, ob es der Mutter paßt oder nicht. Diese elementare Rücksicht – im wahren Sinne des Wortes »die Sicht für die Rückkoppelung vom Gegenüber« – besitzt jedes andere Kind, das noch jünger als drei Jahre ist, sofern es bestimmte Grenzen von der Mutter bekam.
Der heute siebenjährige Carsten hat im Alter von neun Monaten bei einem von seinen vielen Krankenhausaufenthalten, die wegen einer Chromosomenüberprüfung und Diätverordnung notwendig waren, die Nahrungsaufnahme total verweigert. Er mußte fünf Jahre bis zur Einleitung der Primärpsychotherapie durch die Sonde ernährt werden. Zwischenzeitlich gelang es den Krankenschwestern und dem Vater immer wieder, ihm ein normales Essen anzubieten, aber bei der Mutter verweigert er nach wie vor jedes Essen.
Anneliese aß bis zu eineinhalb Jahren alles, was sie nicht abbeißen oder kauen mußte. Seit dem Zahnen besteht sie auf gemixter und dunkelgrüner Nahrung. Spinat ist die Hauptnahrung. Sie trinkt nur Leitungswasser. Beim Füttern muß der Vater daneben sitzen, sonst ißt sie überhaupt nicht. Dieser Zustand währt jetzt schon acht Jahre.
Der siebenjährige Mario ißt nur Kekse und trockene Brötchen. Zu einem weiteren Nahrungsangebot ist er nur bereit, wenn das Essen unter einem aufgeklappten Regenschirm stattfindet.

### *Die Bewegungsfähigkeit als Machtmittel*

Mit der damals einjährigen Kathrin fuhren die Eltern in einen Bergurlaub, den sie alternativ gestalten wollten, ohne Auto, Kinderwagen und Fernsehen. Bei den Wanderungen wurde Kathrin vom Vater auf den Schultern getragen. Besonders lustig war es für Kathrin, wenn es »über Stock und Stein« ging. Aber wehe, der Vater wollte einmal stehenbleiben, um sich auszuruhen, dann forderte Kathrin ihn zum Weitergehen auf, indem sie mit ihren kleinen Fäustchen auf seinen Kopf trommelte. Der Vater ließ sich treiben, je schneller Kathrin trommelte, um so schneller lief er.

Auch bei den Schlafstörungen bestimmen manche Kinder, in welchem Tempo und in welcher Körperlage sie durch die Wohnung getragen werden wollen.

Bei einem Beratungsgespräch wollte eine Mutter von mir wissen, wie die Herrschsucht bei ihrem siebenjährigen Sohn, der sie und die ganze Umwelt tyrannisiert, entstehen konnte. Ich mußte ihr sagen: »Auf die gleiche Art und Weise, wie es im Moment bei ihrem einjährigen Sohn Benjamin in meinem Sprechzimmer beginnt.« Ich erklärte ihr, welche überwältigenden Machterfahrungen dieses kleine Bürschlein gerade jetzt macht. Benjamin rutschte ständig vom Schoß der Mutter herunter – warum auch nicht, Teppichboden, alles geheizt, kein Schmutz, keine Tiere in der Nähe –, rannte zu meinem Kassettenrecorder und drehte an den Knöpfen. Und er erlebte, daß nicht nur die Mutter ihn nicht auf dem Schoß halten konnte, sondern daß er auch mich in Bewegung brachte. Ich stand jedesmal auf und trug ihn zurück zur Mama auf den Schoß. Sofort machte er sich wieder frei, prüfte meine Reaktion und wiederholte das gleiche Spielchen. Der kleine Bub trieb uns zwei erwachsene und lebenserfahrene Frauen genauso, wie wir in sein Schema paßten.

Ähnliche Hinweise auf eine in früher Kindheit begonnene Allmächtigkeit, die von Eltern nicht gebremst wurde und in eine Herrschsucht ausuferte, findet man in Vorgeschichten von außergewöhnlichen Persönlichkeiten wie Terroristen, Amokläufern und Drogenabhängigen. Unlängst las ich in einem Interview mit dem biederen Vater eines Amokläufers: »Unser Sohn war eigentlich schon mit einem Jahr ein eigensinniges Kind. Man durfte ihn nie an der Hand führen ... Wenn er schon als Baby so war, wen wundert's?« Ja, wen wundert's.

Außer Schlafen, Essen und Messen der körperlichen Kräfte gibt es noch viele andere Anlässe, in denen das sonderbare Kind – Einzelkind, der einzige Sohn, das Nesthäkchen, der Spätentwickler, das kranke Kind usw.) die Verheißung seiner Omnipotenz erfährt, zum Beispiel:

Zu den Lieblingsbeschäftigungen des damals zweijährigen Alexander gehörte, von den Eltern und den älteren Geschwistern hochge-

nommen zu werden, um die Lichtschalter und die Knöpfe an den elektrischen Maschinen bedienen zu können. Später kam die Hupe von Vaters Auto und die Fernsehfernbedienung dazu. Zu seinem zweiten Geburtstag bekam er einen Kassettenrecorder geschenkt. Er ließ die Sänger lauter singen, verstummen oder sich wiederholen. Es muß für den Zweijährigen ein phantastisches Gefühl gewesen sein, durch Knopfdruck die Großen der Welt im Griff zu haben.
Hans-Peter machte seine besten Erfahrungen in der Beherrschung der Umwelt, als ihm einmal bei einem Schreianfall die Luft wegblieb. Er hatte es bald heraus, dieses Phänomen bei Protest einzusetzen. Oft genügte schon ein Verstummen oder Blauwerden und die ganze Welt bewegte sich nach seinen Erwartungen.
Der hörgeschädigte Michael wickelte mit Vorliebe alle Wollknäuel ab und erwartete, daß das Gegenüber sie wieder aufwickelte. In seiner Gegenwart durfte das Wasser nicht aus der Wanne herausgelassen werden. War es doch einmal passiert, dann mußte die Wanne wieder mit Wasser gefüllt werden, um ihn zur Ruhe zu bringen. Die Familie machte diese Spielchen gerne mit. Sie hatten Mitleid mit dem hörgeschädigten Kind.
Das Aufzählen dieser Geschichten der Machtübernahme könnte endlos weitergehen. Wir müssen aber der Vollständigkeit halber noch die unauffällige Entstehungsgeschichte einer Verwöhnung erwähnen, die zum Leben vieler Kinder, meist der Einzelkinder, gehört. Das Herrschen wird ihnen überlassen, ohne daß die Babys selber danach verlangten und daß es die Eltern merkten. Bei Befragung der Eltern können diese oft nicht den Zeitpunkt der Machtübernahme angeben. Der kleine Pascha hatte in seiner sonnigen Inselwelt auch keinen Grund, sich aufzulehnen oder etwas durchsetzen zu müssen. Aus Liebe, Nachgiebigkeit und Überfürsorge hat man ihm alle Hindernisse aus dem Weg geräumt. Das leiseste Zeichen wurde von den Eltern als sanfter Befehl wahrgenommen und sie folgten ihm. Selbst bei unsinnigen Forderungen hat man dem Kind die Narrenfreiheit und das Herrschen gegönnt, sich sogar daran ergötzt. Niemand dachte daran, daß eine Freiheit ohne echte Geborgenheit in die Gefangenschaft der Zwänge führt. Der Vater

verzichtete darauf, für sich selbst ein Fernsehprogramm einzuschalten, die Mutter beendete sofort ihr Telefongespräch, wenn sich das Kind dadurch verärgert fühlte. Manche Mütter verhielten sich wie taktvolle Hofdamen, die sofort und ohne Mitteilung wußten, wo der Schuh drückt. Sie führen ihre Kochkünste vor und sorgen für die Unterhaltung des kleinen Prinzen im Schlaraffenland; sie ordnen sich seinen Lust- oder Unlustgefühlen unter und sind ihm auch nicht böse, wenn sie von ihm getreten werden. Wie oft kommt die Bemerkung »ein charmantes Kerlchen, das weiß, was es will«. Und keiner bemerkt den Schleichweg vom Pascha zum Tyrannen.
So erging es auch dem adoptierten Sebastian. Nachdem die Eltern die Enttäuschung wegen einiger Fehlgeburten durchmachten, verstärkte sich die Sehnsucht nach einem Kind immer mehr. Außerdem sollte es das erste Enkelkind bei beiden Großelternpaaren werden. Als es dann gelang, einen bereits geborenen Jungen zu adoptieren, war die Freude bei der Mutter, ihren Eltern und Tanten unbeschreiblich groß, denn in dieser Familie war schon über mehrere Generationen hinweg kein Junge zur Welt gekommen. Von allen Seiten kamen die Verwandten an, um dieses Büblein zu bewundern und ihm teuere Geschenke zu bringen. Jeden Wunsch las man ihm von den Lippen ab, ja sogar noch bevor ihn das Kind äußern konnte. Bald bestimmte Sebastian sämtliches Geschehen in der Familie. Er bestimmte die Speisekarte, man kochte grundsätzlich nur das, was er wollte. Auch wählte er die Richtung bei Spaziergängen, und wenn es nicht nach seinem Willen gehen konnte, weil die Großen mal anders entschieden, bekam der Junge von ihnen eine ausgiebige Entschädigung dafür. Auch die Fernsteuerung vom Fernseher gehörte ihm ganz allein. Die Eltern paßten sich seiner Programmwahl gerne an und fanden dafür Begründungen: Bei Sendungen für Kinder kamen sie mit ihm in seine kindliche Welt hinein, und bei anspruchsvolleren Programmen konnten sie seine wißbegierigen Fragen beantworten. Sebastian bestimmte auch, welche Gäste eingeladen werden sollten und gab den Ton der Unterhaltung bei Besuchen an. Oftmals war es so, daß die Erwachsenen ihr Gespräch unterbrachen, um mit ihm auf seinen Wunsch hin zu spielen. Dabei haben

sie ihn immer gewinnen lassen, um ihm die Freude an Kontakten nicht zu verderben. Die Eltern verhalfen ihm dazu, sich auch in der Kindergemeinschaft als erster zu behaupten. Von den »bösen« Kindern wurde er abgeschirmt, und man ließ auch nicht zu, ihn verlieren zu lassen. Deshalb bevorzugten die Eltern solche Freunde von ihm, die sich ihm anpaßten. Mit Hilfe seines »Außenministeriums«, das für ihn die diplomatischen Wege ebnete, entwickelte sich Sebastian zu einem kleinen Prinzen, der mit sonnigem Gemüt, Ideenreichtum und Gerechtigkeit waltete und seine Untertanen freundlich betrachtete, als wären sie ihm gleichgestellt. Diese Rolle konnte Sebastian auch im Kindergarten und in der Grundschule behalten, weil er der intelligenteste von allen und Liebling der Kindergärtnerin sowie der Lehrerin war. Selbst die Adoption eines Brüderleins erschütterte ihn nicht. Denn die Pascharolle behielt er nach wie vor, das Brüderlein übernahm er einfach in seinen Hof, da es zweifellos nur wegen ihm und für ihn angenommen worden war, und duldete gerne, daß die erste Hofdame das neue Kind für ihn pflegte. Erst auf dem Gymnasium mußte Sebastian eine grausame Entthronung durchmachen, als er nicht nur die Mittelpunktrolle verlor und sich als einer von vielen unterordnen mußte (so ähnlich geht es wohl dem König, wenn aus seinem Reich eine Republik wird!), und nicht mehr der Beste in Englisch war. In der Pause schlug er den Primus zusammen, und zu Hause wurde er depressiv. Wegen dieser zum erstenmal ausgebrochenen, unbeherrschten Aggression wurde er auch in meiner Sprechstunde vorgestellt.

## Wenn zwei das gleiche tun, so ist das noch lange nicht dasselbe

Die Mütter aus den primitiveren Kulturkreisen hätten sich ohne große pädagogische und entwicklungspsychologische Theorien einfacher verhalten als all die bisher genannten Mütter. Sie hätten sich den eingeschränkten Möglichkeiten ihrer Lebensbedingungen anpassen müssen, ohne zu hinterfragen, ob das Kind dies will oder nicht, und die Kinder hätten sich wiederum ihrer Anpassung anpassen müssen. Auch meine Mutter hat in den dreißiger Jahren durch beengte und noch nicht modernisierte Wohnverhältnisse in der Tschechoslowakei auf meine Schlafstörungen nur in einer bestimmten Weise reagieren können: Sie hat mich beim ersten Weinen sofort zu sich ins Bett genommen, mich an ihren warmen Körper gedrückt und in den Schlaf gewiegt. Weil in der Nacht der Ofen nicht geheizt wurde, hätte sie mich nicht durch die Wohnung tragen können. Der einzige warme Platz war im Bett. Dort hätte ich auch nicht laut sein können, weil bei den beengten Wohnverhältnissen auch noch der Vater und die Geschwister geweckt worden wären. Das Aufwärmen einer Flasche wäre nur durch Heizen des Kohleherdes möglich gewesen; also stillte sie mich, solange sie konnte, und dann gab es keine Trinkangebote mehr bei Nacht. Die Möglichkeit einer Beruhigung war auf den Körperkontakt im Nest beschränkt.

Die Eskimo-Mutter – stellvertretend für alle Mütter, die sich warm anziehen müssen – kann auch nicht immer nach dem Willen des Kindes stillen. Das uneingeschränkte Bedürfnis nach Stillen kann nur möglich sein, wenn beide zu Hause sind, und sicherlich in den ersten Monaten nach der Geburt. Das etwas ältere Kind – in der Entwicklungsstufe des »schematisierenden Denkens« – muß die Mutter bei ihrer Arbeit auf dem Rücken tragen, und es muß sich mit

seinem Bedürfnis nach Sättigung den Möglichkeiten der Mutter anpassen.
Bei der überwiegenden Zahl der Familien auf dieser Welt kann das Kleinkind nicht wählen, was es zu essen bekommt. Viele hungernde Kinder bekommen gar nichts zu essen. Überall muß sich das Kind den Eßmöglichkeiten der gesamten Großfamilie anpassen. Sollte das Kind einer armen Familie aus China den Reis verweigern, wird es wohl verhungern müssen.
Ebenso kann eine Mutter aus Peru bei der Feldarbeit, auf dem Markt oder bei der Flucht vor einem Gewitter das Kind nicht entscheiden lassen, wie schnell oder ob es überhaupt getragen werden möchte. Es darf auch nur den Schoß der Mutter verlassen, wenn diese es verantworten kann. Das Kind muß sich am Körper der Mutter ihrem Arbeitsleben und den allgemeinen Lebensbedingungen anpassen. Es kann zum Beispiel nicht auf dem Boden krabbeln, weil dort Gefahren wie Schmutz, Ungeziefer und Schlangen auf das Kind lauern. Es wird zu seinem Schutz getragen.
Ich möchte nicht das Tragen und Stillen in Frage stellen. Aus der vergleichenden Verhaltensforschung ist bekannt, daß die Kinder aus den ärmeren Kulturkreisen fröhlicher und mit einem Jahr reifer in ihren sozialen Einstellungen sind als die gleichaltrigen Kinder in der technokratischen Konsumwelt. »Das verlorene Glück«[28] suchend kehren wir zu alten Traditionen zurück. Es wird »oft mit Begriffen operiert wie körperlicher Kontakt, körperliche Wärme, Geborgenheit, emotionale Erfahrung und Mutterliebe. Ich möchte keinen dieser Aspekte der zwischenmenschlichen Beziehungen unterschätzen; solange wir jedoch die Mechanismen ihrer Wirkung nicht verstehen, stellen sie nicht viel mehr dar als eine hübsche Etikette auf versiegelten Umschlägen mit unbekanntem Inhalt«, zitiere ich H. u. M. Papoušek[29] und ergänze, in völliger Übereinstimmung mit ihren Gedanken: Die bedenkenlose Übertragung der Lebensweisen eines Kulturkreises in den anderen kann bedeuten, daß in diesem versiegelten Umschlag Gift vorhanden ist, das den Umschlag und den Inhalt vernichtet.
Wie gesagt, wenn zwei das gleiche tun, ist es noch lange nicht dasselbe. Das ist der grundsätzliche Unterschied: In den primitive-

ren Kulturkreisen muß sich das Kind der Mutter und der gesamten Lebenssituation der Großfamilie anpassen. Es bekommt immer den Trost, aber die Mutter kann sich seinen Wünschen nach körperlicher Freiheit, Nahrung und Selbstbehauptung nicht uneingeschränkt anpassen. Der Wohlstand der hochindustrialisierten Kulturkreise erlaubt der Mutter, daß sie sich mit ihrer Kleinfamilie und deren Lebenssituation dem Kind – oft dem Einzelkind – anpaßt. Es ist nicht nur eine Umkehrung, sondern geradezu eine Pervertierung der Anpassungsverhältnisse.

Aus leicht einzusehenden Gründen trägt gerade der auf der modernen Technologie beruhende Komfort und das Konsumüberangebot dazu bei, daß das Kind statt seiner Anpassung an die Umwelt die Anpassung der Umwelt an seine Person erlebt, und das in einem noch nie dagewesenen Umfang. Nur die Technik und die Wohnungsgröße machen es möglich, daß das Kind die Mutter in der Nacht hin- und herschicken kann. Die Wohnung ist geheizt, und die Elektrik ist vorhanden, um die Lichter an- und auszumachen sowie die Flasche zu wärmen. Das Kind hat sein eigenes Zimmer. Nur so kann es »die Puppen tanzen lassen«. Das Überangebot an Kindernahrung macht es möglich, daß das Kind nur eine bestimmte Marke, eine bestimmte Farbe der Nahrung oder eine bestimmte Verpackung auswählen und hartnäckig darauf bestehen kann. Die medizinisch-technische Versorgung kann dann in Anspruch genommen werden, um Ernährungsstörungen oder gar den Tod durch Verhungern zu verhindern. Allein die Tatsache, daß die Mutter nicht körperlich schwer arbeiten muß, weder im Beruf noch im vollautomatischen Haushalt, macht es möglich, daß das Kind auf eine bestimmte Weise und in einem bestimmten Tempo nachts durch die Wohnung getragen wird. Das geheizte Kinderzimmer mit seinem gepflegten Teppichboden gibt dem Kind die Chance, wann immer es will, sich loszumachen und sich frei zu bewegen. Es laufen ja im Raum keine Gefahren wie Ungeziefer, Schlangen oder andere Tiere. Mit dem geringsten Kraftaufwand, durch Druck auf einen Knopf, kann das Kind ein Stück Leben in Bild und Ton erscheinen und wieder verschwinden lassen; »als ob« es die Macht hätte, die ganze Weltschöpfung zu bewegen und zu zerstören.

## Was geschieht, wenn wir uns den Schöpfungsgesetzen entfremden?

Ein Fallbeispiel: Der Vater ist Polizeiinspektor. Ein Mann, der über Gesetze Bescheid weiß. Zwischen Gut und Böse zu unterscheiden, ist sogar sein Beruf. Die Mutter ist Sozialpädagogin. Für sie war während ihrer Ausbildung vor allem wichtig: Wie bringe ich einem Kind bei, zwischen Gut und Böse zu unterscheiden. Dennoch haben sie mit Jens, ihrem ersten eigenen Kind, große Probleme.

Jens ist knapp zwei Jahre. Auf den ersten Blick kommt der Verdacht einer Hyperaktivität auf. Wie ein Schmetterling flattert er im Sprechzimmer von Spielzeug zu Spielzeug, von Stuhl zu Stuhl, ohne zu verweilen. Der eigentliche Anlaß zur Vorstellung ist aber ein ganz anderer. Auf meine Frage, warum mir das Kind vorgestellt wird, sagen die Eltern beinahe einstimmig: »Unser Sohn ist aggressiv.« »Ich gratuliere Ihnen«, sage ich darauf. »Ihr Kind entspricht genau der Entwicklungsnorm. Gerade jetzt mit zwei Jahren sollte es ein großes Bedürfnis entfalten, seine Ich-Kräfte zu erleben. Allerdings ist dies nur möglich, wenn es Grenzen und Widerstände erfahren kann. Freuen Sie sich also an der dynamischen Lebenskraft, mit der Ihr Bub ausgestattet ist! Er braucht lediglich mehr Steuerung als Kinder mit phlegmatischem Temperament. Ich vergleiche diese quicklebendige Kraft gerne mit einem Bergbach. Je rauschender der Strom ist, um so mehr muß das Flußbett reguliert werden, so daß es breit und tief genug ist und zwei feste Ufer hat, damit das Wasser ohne Überschwemmungen und unnötige Gefährdungen fließen kann ...« »Ja, darum geht es eben«, seufzt der Vater. »Wie äußert sich denn die Aggression Ihres Sohnes und gegen wen richtet sie sich?« frage ich. »Gegen uns alle. Er schlägt uns. Mich schlägt er und meine Frau und auch die Großeltern lassen sich schlagen. Ach wissen Sie, warum auch nicht. Der Bub möchte mit jemandem rangeln, aber wir haben kein anderes Kind. Mit wem soll er sich reiben? Wir tun es gerne. Und wir nehmen es nicht so ernst. Wir sind halt seine Partner, seine Kumpel. Deshalb kommen wir auch nicht zu Ihnen. Das Problem ist vielmehr: unser Jens greift auch Kinder in der Krabbelgruppe an. Er schubst sie brutal oder nimmt auch einmal ein Holzauto in die Hand und schlägt damit auf andere ein.« An dieser Stelle ergriff die Mutter deutlich erregt das Wort: »Die anderen Mütter beschweren sich deshalb. Sie meinen, daß ihre Kinder Angst vor der Krabbelgruppe bekommen. Und andere Kinder wieder möchten mit unserem Jens kämpfen, und das wollen die Mütter nicht erlauben. Deshalb kommen wir zu Ihnen.« Und ich sage: »So beginnt die rücksichtslose Aggressivität, die bis zur Kriminalität führen kann. Wenn sich dem kleinen Kind einprägt, beim nächsten aggressivbesetzten Bewegungsimpuls sofort zuzuschlagen, dann bleibt dies als Prägung haften. Denn was das Hänschen lernte, behält der Hans. In diesem zarten Lebensalter leben die Kinder der dritten Welt die Aggressivität noch am Körper ihrer Bezugspersonen aus, indem sie für Wutausbrüche oder Schlagen niemals harte Strafen erhalten, sondern eine unmittelbare Rückkoppelung und damit eine Grenze bekommen. Bei jeder vertrauten Bezugsperson ist die Antwort anders, so daß das Kind die Chance hat, verschiedene Gefühle wahrzunehmen und sich in diese einzufühlen. So weiß es zunehmend, wann es zu weit gegangen ist, wann andere darunter leiden. Es wird deshalb nicht geschlagen. Die spürbare, seine Aggression hemmende Antwort bekommt es durch die Art des Haltens im Tragetuch, durch warnendes Anhalten der Hände usw. Das zweijährige Kind ist noch nicht so weit, daß es vorausschauend denken kann. Es kann sich die Konsequenzen seiner aggressiven Attacken noch nicht vorstellen und daher auch noch nicht verantwortlich handeln. Dieses Gewissen entwickelt ein Kind erst viel später. Solange es also diesen inneren Halt nicht hat, muß es durch den äußeren Halt vor seiner eigenen, noch ungeformten Aggressivität geschützt werden.«

Ich frage nach diesen Ausführungen die Eltern, wie sie auf ihren Jens reagieren, wenn er gegen sie losgeht. Während dieses Gesprächs kletterte Jens auf den Schoß seines Vaters und zog ihn an

den Ohrläppchen, immer stärker und stärker. Als der Vater ihn schließlich nur so nebenbei daran zu hindern versuchte, begann sein kleiner Sohn ihn mit geballten Fäustchen zu schlagen. Und was machte der Vater? Er faßte das Kind sanft an den Oberarmen und sagte mit einem Hauch von Wut, jedoch mit unverkennbarer Bewunderung: »O hast du Kräfte, Junge!« In dieser Mitteilung war weder Wut noch Freude erkennbar. Eine doppelbödige, unklare Mischung von Gefühlen, die für das Kind nicht faßbar ist. Die steigende Unruhe provoziert dagegen eine eindeutige Reaktion.
Den Ausgang der Geschichte kann sich der Leser leicht vorstellen. Selbstverständlich schlug Jens auf seinen Vater wieder und wieder ein. Wie ich als zu Rat gezogene Psychologin verfuhr, erfährt der Leser im letzten Kapitel mit dem Titel »Was tun?«
An dieser Stelle möchte ich lediglich aufzeigen, welche Fehler den Eltern unterlaufen waren, so daß sie die Aggressivität ihres Kindes nicht mehr steuern konnten. Ein Mensch muß in die *schöpfungsbedingten Gesetze* eingebunden sein, wenn er zu sich selbst und zu anderen in einer guten Beziehung stehen soll. Hat sich ein Mensch dagegen von diesen Gesetzen entfremdet, geht es ihm nicht gut. Wir können auch sagen: Der Lebensstil verhält sich zu diesen Naturgesetzen wie die Software zur Hardware. Ohne eine Festplatte kann das beste Programm nicht funktionieren.
Auch Tafeln des Mose stellen eine solche »Festplatte» dar. Die zehn Gebote können als eine Art Verfassung verstanden werden, in der die Grundregeln des Zusammenlebens aufgelistet sind.

## *Wenn die Eltern nicht mehr geehrt werden*

Das vierte Gebot »Du sollst deinen Vater und deine Mutter ehren ...« hat von den zehn Geboten psychologisch gesehen die größte Tragweite. Es bietet einen wichtigen Hinweis auf die einzuhaltende Psychohygiene, unter der der Mensch frei von seelischen Störungen sein kann. »... auf daß du lange lebst und daß es dir wohlergehe auf

Erden«, so wird das Gebot begründet. Merkwürdigerweise ist das vierte Gebot das einzige Gebot, das eine Begründung beinhaltet. Warum ausgerechnet das vierte Gebot? Darüber kann man lange spekulieren und eine Antwort zu wissen, gleicht einer Anmaßung. Ich wage es dennoch, weil ich mich tagtäglich mit den Auswirkungen des Nichteinhaltens in meiner psychologischen Praxis befassen muß. Dieses Gebot beinhaltet im Unterschied zu den anderen etwas Unabdingbares, was der Mensch sehr bewußt und willentlich pflegen muß, damit er sich vom schutzbedürftigen Kind zum freien Erwachsenen entwickeln kann. Wenn ich ehebreche oder stehle oder falsches Zeugnis wider meinen Nächsten rede, habe ich schwer gesündigt, aber meine Entwicklung kann trotzdem weitergehen. Wenn ich aber meine Eltern nicht ehre, weil sie mir so viel schuldig geblieben sind, dann bin ich stets noch ein bedürftiges Kind, das einen ungesättigten Nachholbedarf hat und sich nicht loslösen kann. Ich kann nicht erwachsen werden, obwohl ich es möchte und obwohl andere Menschen es von mir erwarten. Und ich kann zu mir selber nicht stehen. Dementsprechend geht es mir schlecht. Loslösen kann ich mich erst dann, wenn mich keine Schuldzuweisung und kein Nachholbedarf zurückhält, wenn ich so großzügig bin, meine Eltern zu ehren, obwohl sie mir nicht alles gegeben haben. Mein Herz wird um so bereiter, sich für das Gute (auch wenn es wenig war) zu bedanken und sich trotz aller Vorbehalte auszusöhnen, wenn ich bereit bin, das Schicksal meiner Eltern zu achten.

### *Wie lernt ein Kind seine Eltern zu ehren?*

Das wirksamste Mittel ist das *Vorbild.* Die ersten Grundmuster des sozialen Verhaltens schaut das Kind von seinen Eltern ab. Es ist dabei nicht nur ein passiver Zuschauer, denn es bezieht alles Geschehen in seiner Umwelt auf sich selbst. Die Beobachtungen sind zugleich Erlebnisse. So erlebt das Kind bei seinen Eltern, wie sich diese lieben, wie sie sich gegenseitig helfen, wie sie Streitigkeiten austragen und sich versöhnen, wie sie Meinungsunterschiede in Kompromisse umsetzen und an einem Strang ziehen, indem sie trotz aller Vorbehalte *stets in Achtung aufeinander bezogen sind.*

Aber auch in anderen Situationen ist das Vorbild wichtig, und je eindeutiger sich die Eltern verhalten, um so leichter kann das Kind soziale Verhaltensweisen lernen. Es muß unmißverständlich wissen, daß das »Nein« wirklich nein bedeutet und das »Ja« auch als zuverlässiges »Ja« zu verstehen ist. In dieser *Voraussagbarkeit* ist die Formel des Sich-Verlassen-Könnens, der *Geborgenheit* verschlüsselt. Durch die *Wiederholung des Gleichbleibenden* schreiben sich die guten Verhaltensformen ins Herz des Kindes ein. Auf diese Weise wird das Fundament für die Ausbildung des Gewissens gelegt.
Es ist eine allgemeine Erfahrung, die nicht nur für Menschen, sondern auch für Tiere gilt: nur das *überlegene Vorbild* zählt. Schwächere ahmen wir nicht nach. (Autofahren lernen wir nicht von einem Anfänger, sondern von einem erfahrenen Autofahrer, dem Fahrlehrer.) So gesehen erscheint die natürliche Autorität des Vorbildes als eine schöpfungsbedingte Gesetzmäßigkeit. Deshalb ist es unabdingbar notwendig, daß ein Kind in dem Alter, in dem es das Vorbild braucht, die Überlegenheit der Eltern wahrnehmen kann. So hat es die Weisheit der Schöpfung auch eingerichtet: die Eltern sind zunächst größer, reifer und stärker, und die Kinder kleiner, unreifer und schwächer. Gemeint ist natürlich nicht eine Stärke, die sich durch Schläge behauptet, sondern durch eine Lebensreife. Zu dieser Reife gehört auch das Wissen um die wahren Bedürfnisse des Kindes und die Verantwortung für deren Erfüllung.
Die Ideologie der sechziger Jahre hat jedoch das Gegenteil vertreten: Eltern und Kinder seien ebenbürtig. Das klingt zunächst gut, hat aber große Verwirrung gestiftet. Denn Eltern und Kinder stehen *nicht auf gleicher Ebene* und sind auch nicht gleichberechtigt. Rechte kann erst derjenige bekommen, der auch Pflichten und Verantwortung übernimmt. Dazu sind zunächst die Eltern berufen, aber nicht das Kind.
Wenn sich Eltern als Partner und Kumpel auf die gleiche Ebene mit dem Kind begeben, das heißt auf die kindliche Ebene, werden sie

*kindlich* bis *kindisch*. Das Kind muß sich dagegen auf die Ebene der Erwachsenen erheben, auf der es nicht Kind sein kann, sondern eben erwachsen: es kann sich auf dieser ihm nicht angemessenen Ebene nicht fallen lassen, es kann nicht unbeschwert sein. Es müßte stets wie der Erwachsene verstehen, wie der Erwachsene entscheiden ... Es wird überfordert.

Es bleibt jedoch nicht nur bei der Gleichschaltung der Gegensätze von »groß« und »klein« und »reif« und »unreif«. Auch das Gleichgewicht zwischen Rechten und Pflichten gerät aus den Fugen, so daß das Kind nicht die Pflichten, sondern nur die Rechte bekommt und umgekehrt: die Eltern überfrachten sich mit Pflichten und verzichten auf ihre Rechte. Im Falle von Jens ergibt sich etwa folgende Situation: Das kleine zweijährige Büblein hätte bei dem gewaltigen Ausbruch seiner Aggression lediglich die Pflicht, sich das »Nein« der Eltern anzuhören und seine Kräfte zu einer anderen Tätigkeit umlenken zu lassen, so daß es die Lust am Widerstand ausleben kann, vielleicht mit Hilfe eines großen Balles, den es gegen die Wand prallt. Und wenn Jens auf den Angriffen gegen die Kinder bestehen würde, müßte er sich gefallen lassen, vor seiner eigenen noch ungeformten Aggressivität geschützt zu werden, das heißt, er müßte sehen, wie andere Kinder vor ihm geschützt werden und wie man friedlich miteinander spielt. In dem Falle würde sozusagen seine einzige Pflicht darin bestehen, sich auf dem Schoß der Eltern halten zu lassen, um zur Ruhe zu kommen. Aber die Eltern muten ihrem Jens diese Verpflichtung nicht zu, sie meinen vielmehr, daß er ein Recht auf seine Freiheit hat. Sie selber fühlen sich verpflichtet, dem Kind nur das zuzumuten, was es möchte. Das ist auch beim Essen der Fall. Wie so viele andere kleine Tyrannen ißt Jens zum Beispiel kein Gemüse und vom Obst nur feinst pürierte Banane, vermischt mit quadratisch zerhackten Kiwi. Auch sonst werden ihm alle Wünsche erfüllt. Nur gelegentlich wird er mal unsanft in sein Bettchen befördert, wenn er abends unzählige Male ins Wohnzimmer hineinstürmt. Ihre wichtigste Pflicht aber, nämlich dem Kind eine eindeutige Grenze zu setzen, wenn es mit Schlägen und Tritten auf sie losstürmt, nehmen die Eltern nicht wahr. Sie nehmen sich

nicht einmal das Recht dazu, ihr eigenes Selbstwertgefühl zu verteidigen. So geschieht es, daß das Kind immer mehr zum Täter wird und die Eltern zunehmend zu Opfern werden. Die von den Eltern ursprünglich gewollte Ebenbürtigkeit geht verloren, die Ebenen verschieben sich, das Kind wird größer als die Eltern.
Anders ausgedrückt: Das Kind agiert und die Eltern reagieren. Das Drehbuch hat das noch unreife Kind in der Hand und die Eltern lassen sich ziehen und schieben wie Marionetten. Das Kind empfindet sich in seiner magischen Welt wie ein allmächtiger, eigenständiger Drahtzieher. Die Folgen sind uns aus den bisherigen Ausführungen schon bekannt: *Bei den schwach und manipulierbar empfundenen Eltern kann sich das Kind nicht geschützt fühlen.* Es fühlt sich nicht geborgen und kann auch nicht in Achtung zu seinen Eltern aufschauen, um bei ihnen das Vorbild für sein Verhalten zu lernen. Dem Kind entgeht das Wesentlichste, was es zu seiner Entwicklung braucht: Es darf zunächst Kind sein, und muß erst dann zum Erwachsenen werden. Aber weder das eine noch das andere gelingt ihm. Je sensibler ein Kind ist, um so mehr leidet es unter dem Verlust der Geborgenheit und der Orientierung. Die zunehmende Erfahrung mit den kleinen Tyrannen lehrt, daß es sich meist nicht um robuste, dickhäutige Kinder handelt, sondern um die fein empfindsamen, die »die Flöhe husten hören« und die »die Gefahr riechen«. Sie sind aber unter der pervertierten Größenordnung gezwungen, die Weichen zu stellen und mal als Terminator oder in sanfterer Form als Prinz auf der Erbse, jedenfalls als verbissener Alleinkämpfer für die eigene Sicherheit zu sorgen. Es ist atemberaubend zu beobachten, wie ein feinfühliges Kind nach einer Lösung für diese unerträgliche Situation verlangt. Es macht von seiner scheinbaren Überlegenheit Gebrauch und übernimmt die Macht über die Eltern. Es kann sich ja in dieser Welt auf nichts anderes sicherer verlassen, als daß sich seine verwirrten Eltern von ihm beherrschen lassen.
Je lockerer und unverbindlicher die Fäden sind, die es mit seinen Eltern verbinden, um so kräftiger muß das Kind diese Fäden ziehen und spannen, an ihnen zerren und reißen. Der *affektive Zwiespalt*, in

dem die Eltern sich kein klares »Ja« und »Nein« zutrauen, ist für das Kind unerträglich. Das zweideutige »Jein« ist nämlich je nach Situation immer anders: anders wenn Besuch kommt, anders wenn die Mama in der Küche beschäftigt ist und wieder anders beim Einkaufen im Supermarkt. Kaum eine Reaktion der Eltern ist voraussagbar. Auf keine Haltung der Eltern kann sich das Kind verlassen. Es gilt kein Weder und kein Noch, sondern etwas Schwammiges, nicht Faßbares dazwischen. Keine klare Linie, keine Möglichkeit, Vertrauen zu entwickeln. Die Geborgenheit des Kindes ist gefährdet. Es wird beunruhigt, nervös, gestreßt. Im wahren Sinne des Bibelwortes wird ihm *übel*. (In der Bergpredigt heißt es »Eure Rede sei entweder Ja Ja oder Nein Nein, alles andere ist von Übel ...«.) Dagegen muß sich das Kind schützen. Angstanfällige, eher zum Rückzug auf sich selbst neigende Kinder reagieren dann eher zur Flucht in ihr Schneckenhäuschen und werden autistisch, zwanghaft, depressiv. Dynamische, nach außen strebende, kämpferische Kinder neigen viel mehr zur *Aggressivität*. Sie schützen sich durch Angriff und gehen auf das unerträglich schwammige Gegenüber los, um es aufzulösen. Sie nehmen lieber eine Zerstörung in Kauf als in der unfaßbaren Schwebe des Jeins zu bleiben. Ein aggressives Kind kann sich meist auf eine eindeutige Reaktion seiner Mutter verlassen, wenn es auf dem Spielplatz andere Kinder schlägt und tritt. Möglicherweise setzt sie nämlich ihr Kind sofort in den Wagen und fährt aus Scham vor anderen Müttern weg, auf alle Fälle unternimmt sie etwas.

Diese Verwirrung und Umkehrung der Verhältnisse ist nach meiner Erfahrung der Grund für die zunehmende Aggressivität. Sie kommt zur Entfaltung, noch bevor das Kind durch Fernsehen oder schlechte Kameraden beeinflußt werden konnte. Wenn Eltern ihrem Kind ein Übermaß an Freiheit einräumen, ja zumuten, ahnen sie meist nicht, daß dadurch nicht der freie Wille gewonnen, sondern ein Unheil geschürt wird. Bevor das Kind nämlich den eigenen Willen entfalten kann, muß es sich sicher und geborgen fühlen. Manchen heutigen Kindern bleibt, weil ihnen diese Erfahrung fehlt, nichts anderes übrig als das aggressive Kleinmachen der mißachteten, nicht geehrten Eltern, denn nur dies gibt ihnen Sicherheit.

### *Wie Kinder für die Lücken im familiären Beziehungssystem aufkommen müssen*

Zu den schöpfungsbedingten Gesetzen, deren Einhaltung für das seelische Wohl der Menschen sorgt, gehören auch bestimmte Gesetzmäßigkeiten, wie die einzelnen Familienangehörigen zueinander stehen, Psychologen sprechen von der *Familienkonstellation.*
Das Wort »Konstellation« ist abgeleitet von den lateinischen Worten »cum« und »stella«. Die ursprüngliche Bedeutung dieses Wortes drückt die Stellung der Himmelskörper aus, die nach den Ordnungen der Sonnensysteme aufeinander bezogen sind. Wenn ein Stern ausfällt und ein schwarzes Loch entsteht, so zieht es in seinen dunklen Strudel die bis dahin noch strahlenden Sterne hinein. Der Vergleich zu familiären Systemen ist unverkennbar, auch sie sind in die gleichen Schöpfungsmuster wie die Sternensysteme eingewoben. (Nach der ältesten, uns bekannten Naturheilkunde *Ayurveda* heißt es: »So wie der menschliche Körper, ist auch der kosmische Körper, ... so wie das Atom, ist auch das ganze Universum«.)
Das Wissen um diese uralten Gesetzmäßigkeiten, die innerhalb der Familie im Interesse der gelungenen Beziehungen einzuhalten sind, ist das Verdienst der systemischen Familientherapie. Auch die nicht eingehaltenen systemischen Ordnungen spiegeln sich in einem gestörten Verhältnis zu dem eigenen Selbst und zu anderen Menschen wider. Bei der Suche nach Lösungen werden natürlich die unterschiedlichen Lebensstile des jeweiligen Kulturkreises berücksichtigt. So ist die Stellung des Mannes und der Frau unter Bedingungen des Matriarchats anders gewichtet als im Patriarchat, und die Rangordnung der Ältesten hat bei Indianern eine andere Bedeutung als in Europa. Die grundlegenden Ordnungen gelten aber für alle Kulturkreise gleich und wurden in der Literatur eindrucksvoll beschrieben. Die altgriechischen Tragödien weisen häufig eine Verstrickung im familiären System auf, deren Ausgang nach systemischen Gesetzen unabwendbar seinen Lauf nimmt: ohne Schuld in die Schuld. Auch heute ist dies oft der Fall: das unschuldige Kind wird tragischerweise ohne eigenes Verschulden zum Tyrannen. (Allerdings

sind die systemischen Verstrickungen bei der Entstehung der Herrschsucht nicht immer am Werke, oft aber wirken sie mit.)
Langjährige Erfahrungen mit ätiologischen Nachforschungen sowie die sich daraus ableitende Therapie und ihre Erfolgsrate weisen auf bestimmte Konstellationen innerhalb der familiären Beziehungen hin, denen das Kind zum Opfer fällt. Erst wenn diese erkannt und neu geordnet werden, wird das Kind frei, frei auch für Erziehung.
Einige systemische Gesetzmäßigkeiten seien nun genannt, und ich zitiere im folgenden Bert Hellinger[30]:

## *Wer gehört zum System der Familie?*

»Zusammen mit unseren Eltern und unseren Geschwistern bilden wir die Schicksalsgemeinschaft einer Familie. Als Familie gehören wir aber auch zu einer Sippschaft, in der sich beide Sippen der Eltern zu einem größeren System von Menschen verbinden, die wir vielleicht nicht alle kennen und die trotzdem bedeutsam für uns sind.
In der Regel gehören zur Sippe, unabhängig davon, ob sie noch leben oder schon gestorben sind,
1. das Kind und seine Geschwister;
2. die Eltern und ihre Geschwister;
3. die Großeltern;
4. manchmal noch der eine oder andere der Urgroßeltern;
5. alle, die für andere im System Platz gemacht haben, zum Beispiel ein erster Mann oder eine erste Frau der Eltern oder der Großeltern (oder eheähnliche Beziehungen, auch dann, wenn es zu einer Trennung oder Scheidung kam) oder eine frühere Verlobte, oder eine Frau oder ein Mann, mit denen jemand aus der Sippe ein Kind hat, und alle, durch deren Unglück, Weggang oder Tod andere in der Sippschaft einen Vorteil gezogen, die also für jemand im System Platz gemacht haben. (…)

*Das Recht auf Zugehörigkeit*

Jeder, der zu einer Sippe gehört, hat gleiches Recht dazuzugehören, und niemand kann und darf ihm diesen Platz verweigern. Sobald einer in einem System auftritt und sagt: ›Ich habe mehr Recht, in diesem System dazuzugehören, als du‹, verletzt er die Ordnung und das System ist gestört. Vergißt zum Beispiel jemand eine früh gestorbene Schwester oder einen totgeborenen Bruder und nimmt jemand ganz selbstverständlich den Platz eines früheren Ehepartners ein und geht er oder sie naiv davon aus, er oder sie habe jetzt mehr Recht dazuzugehören als der, der Platz gemacht hat, dann verstößt er gegen die Ordnung. Das wirkt sich dann oft so aus, daß in einer späteren Generation jemand, ohne daß er es merkt, das Schicksal der Person, der die Zugehörigkeit abgesprochen wird, nachahmt.
Das ist die Hauptschuld eines Systems, daß es jemand ausklammert, obwohl er das Recht auf Zugehörigkeit hat, und ein Recht auf Zugehörigkeit haben alle diejenigen, die zuvor aufgeführt sind. (...)

*Das Gesetz des Vorrangs der Früheren*

Das Sein wird durch die Zeit qualifiziert. Es bekommt einen Rang und wird strukturiert durch die Zeit. Wer zuerst in einem System da ist, hat Vorrang vor dem, der später kommt. In gewachsenen Beziehungen herrscht also eine Rangordnung, die sich in erster Linie am vorher und nachher orientiert, das heißt, wer früher kommt, ist vorgeordnet, wer später kommt, ist nachgeordnet. Dieses Ordnungsprinzip nenne ich Ursprungsordnung. *Daher kommen die Eltern vor den Kindern* und der *Erstgeborene vor dem Zweitgeborenen.*« (Hervorhebung von der Autorin.)

Die Eltern stehen in der Familie an erster Stelle, die Kinder an der zweiten. Die zeitliche Reihenfolge, in der die Kinder auf die Welt kommen, entscheidet also über die Stelle im familiären System: das Erstgeborene hat die erste Stelle unter den Geschwistern, das Zweit-

geborene die zweite usw. Dementsprechend sind auch die Rechte und die Pflichten anders verteilt.
Im Falle einer Adoption bedeutet das: Die leibliche Mutter soll im Herzen des Kindes den ersten Platz haben, die Stief- oder Adoptivmutter den zweiten. Dies gilt unabhängig davon, ob die leibliche Mutter gestorben ist, in einem anderen Land lebt oder aus anderen Gründen nicht in der Lage ist, ihr Kind großzuziehen. Bei Wiederverheiratung nach Scheidung oder Tod des ersten Mannes hat dieser das Vorrecht vor dem zweiten Mann, weil er als Vater der gemeinsamen Kinder auf deren Mutter bezogen ist. Und auch die gemeinsamen Kinder aus der ersten Beziehung haben Vorrang vor dem zweiten Lebenspartner und vor den Kindern, die aus dieser zweiten Ehe kommen. (Dies gilt selbstverständlich auch umgekehrt, wenn die Frau zweimal heiratet.)
Allerdings ist es nicht immer einfach, nach diesen »Ordnungen der Liebe« zu leben. Oftmals setzt es »Mut zur Demut« voraus, wenn beispielsweise der Schmerz einer verletzten Liebe noch immer wirkt und zur Spaltung treibt. Für die geschiedenen Eltern bedeutet dies dann, sich – den Kindern zuliebe – immer noch zu ehren. Ich zitiere noch einmal Bert Hellinger:
»Mischt sich ein Nachgeordneter in den Bereich des Vorgeordneten, versucht zum Beispiel der Sohn die Schuld des Vaters zu sühnen oder der bessere Ehemann der Mutter zu sein, dann maßt er sich etwas an, was er nicht darf, und auf eine solche Anmaßung reagiert die Person oft unbewußt mit dem Bedürfnis nach Scheitern oder Untergang. Weil es meistens aus Liebe geschieht, wird es uns als Schuld nicht bewußt. Wo immer es ein schlimmes Ende gibt, zum Beispiel daß jemand verrückt wird oder Selbstmord verübt oder Verbrecher wird, spielen solche Zusammenhänge eine Rolle.«[31]
Niemand anderer kann also die Lücke, die durch ein Familienmitglied entstanden ist, ungeschadet füllen. Dafür sorgt das Sippengewissen.

### *Das Sippengewissen sorgt für den Ausgleich*

Es gibt zwei Gewissen. Jedes wirkt auf seine Weise. Das *persönliche Gewissen* macht emotional betroffen, empfindet Behagen und Unbehagen, urteilt was Gut und Böse ist, belohnt den »Sittlichen« mit Anerkennung und gibt ihm einen besonders guten Platz in der Sippe, während es den Schuldigen verurteilt und ihm den Platz in der Sippe verweigert. Hier wirken sich die Maßstäbe unserer Erziehung aus. Das *Sippengewissen* wirkt völlig anders. Es wirkt zwar im Verborgenen des persönlichen Gewissens, aber unabhängig von Normen des jeweiligen Zeitgeistes. Es richtet sich nicht danach, wie sich der Mensch verhält. Als eine übergeordnete Instanz wacht das Sippengewissen stets über die Ordnung im System der Sippe. Er sorgt dafür, daß jeder, der sich hier einbrachte, sein Recht auf Zugehörigkeit innerhalb dieses Systems bekommt. Dazu gehören nicht nur die Guten – die bekommen das Recht auf ihre Stelle ohnehin –, sondern auch die ausgestoßenen schwarzen Schafe, die Gehaßten, die Verlassenen und die Ausgeklammerten. Das Sippengewissen sorgt für den *Ausgleich* und setzt für den Ausgeklammerten einen Nachfolger ein, der dann die Lücke füllt bzw. in das gleiche »schwarze Loch« hineingezogen wird. Die Wirkung des Sippengewissens kann man sich als die »Gottesmühlen« vorstellen, die »bis in das dritte und vierte Glied« gehen. So folgt dem Selbstmörder in der nächsten Generation der andere nach, manchmal auf die gleiche Art und Weise. Er identifiziert sich mit ihm und mit seinem Schicksal. Ein Enkel macht für seinen wegen Betrugs ausgestoßenen Großvater den Ausgleich und wird zum perfektionistischen Bürgermeister. Die Stelle des Vaters, der von seiner Frau als schwacher Partner verstoßen wurde, nimmt sein Sohn ein und lebt die Stärke, die sich der Vater nicht traute. Das Kind macht also den Ausgleich. Es opfert sich auf, indem es für den anderen lebt. Dies geschieht unbewußt, so wie uns das ganze Sippengewissen unbewußt bleibt. Es wirkt im Verborgenen der Seele und macht erst durch den Schmerz auf sich aufmerksam, der durch eine Störung der systemischen Ordnung entstand. Dann tritt derjenige, der für die Herstellung des Gleichgewichtes eintreten soll, in die entstandene Lücke. Ob er will oder nicht, muß er dann seinen systemischen Auftrag erfüllen, oft für den Preis seiner Selbstaufgabe.

## *Kinder in gestörten familiären Systemen*

Kinder von heute sind durch die Störungen der systemischen Ordnung schwer geprüft. Was kommt auf sie gehäuft zu?
Jede dritte Ehe im deutschsprachigen Raum wird heute geschieden, und die Scheidungsrate nimmt weiter zu. Vor allem die fehlende Konfliktfähigkeit ist hierfür verantwortlich. Es erweist sich bei Hans, was das Hänschen schon lernte: War es damals nicht brav, wurde es in sein Zimmer bzw. in die Besenkammer geschickt und durfte sich entweder mit Musik trösten oder ganz alleine vor sich hin weinen. Aufgrund dieser Prägung zieht sich der Ehemann, der mit seiner Frau einen Konflikt hat, in sein Zimmer oder in seine eigene Wohnung zurück und flüchtet sich in seine Arbeit, um seiner Depression zu entgehen.
Ehen gehen meist im Haß auseinander und nicht in gegenseitiger Achtung. So erlebt das Kind seine Eltern nicht als Einheit, sondern gespalten. Wenn es sich mit einem Elternteil solidarisiert, macht es sich am anderen schuldig, es steht dazwischen. Nichtsdestoweniger nimmt es häufig die schwere systemische Last auf sich, einen von den beiden zu vertreten bzw. sich mit ihm zu identifizieren und so auf das Kind-Sein zu verzichten.

### *Lucas, der Terminator*

Die Mutter, die zu einem therapeutischen Seminar kommt, hat für ihren achtjährigen Sohn Lucas schon eine vorgefertigte Diagnose: Er sei ein kleiner Tyrann. Wie im Buch beschrieben sei er maßlos frech zu ihr, tituliere sie »blöde Kuh«, wenn sie nicht gleich willig

ist, boxe er sie, schikaniere sie beim Essen und gebe ihr Schuld für seine schulischen Mißerfolge. Gegen seinen zwei Jahre jüngeren Bruder Bernd führe er einen brutalen Krieg. Lucas sei schon als Kind schwierig gewesen, weil er Neurodermitis hatte. Ganze Nächte habe er sich von ihr kratzen und eincremen lassen, sie habe ihm stets zu Diensten stehen müssen. Ihr Mann habe ihr nicht geholfen, sondern sie schmoren lassen. Den Schatten, der sich auf die Ehe legte, habe man nicht mehr auflösen können und die Ehe zerbrach schließlich. Die Mutter hat inzwischen einen neuen Lebenspartner, der Vater lebt alleine. Um die Erziehung der Söhne sorgt er sich nach wie vor nicht, obwohl er auf dem gemeinsamen Sorgerecht bestand. Im Gegenteil, er hetzt gegen die Mutter, wo er nur kann.
Während des Gesprächs stört Lucas unzählige Male, indem er nach allen möglichen Sachen verlangt. Trotz mehrerer Verbote macht er dauernd die Handtasche seiner Mutter auf, läuft immer unruhiger herum und tut, als schieße er mit einem imaginären Gewehr. Das Bild eines Terminators! Die Schildmütze, die er partout nicht ablegt, erinnert an den Helm eines Soldaten im Nahkampf. Um den Bauch trägt er einen Gürtel mit einer Pistole, die Arme zieren Aufkleber mit Tätowierungen. Sobald er die Chance bekommt, seine Familie aufzustellen,* tut er es unerwartet gesammelt und ernst. Die Eltern trennt er deutlich und stellt sie weit auseinander. Sich selber stellt er vor den Vater, und seinen Bruder vor die Mutter, so daß er seinen Bruder konfrontiert. Den Lebenspartner der Mutter stellt er mit dem Rücken zur Familie ganz an den Rand. Eine unbedeutsame Randfigur! Auf den ersten Blick merkt man, daß er für seinen Vater und gegen die Mutter kämpft. Nach dieser Aufstellung vertritt auch der jüngere Bruder den Vater, jedoch im guten Sinne als Helfer und Verteidiger der Mutter. Die beiden Brüder tragen also den Kampf der Eltern weiter aus, während die Eltern nur noch auf der Ebene der Rechtsanwälte miteinander verkehren.

* Das »Aufstellen der Familie«, das eindrucksvoll zeigt, wer welchen Platz in der Familie hat, beschreibe ich in Kapitel »Was tun?« (S. 155) ausführlicher.

Untersucht man, wie die herrische Aggressivität bei Lucas entstehen konnte, so wird deutlich, daß einerseits die Eheproblematik sowie die ehemalige Sonderstellung als Sorgenkind entscheidenden Einfluß haben, aber es fällt auch auf, daß der Vater wegen der außerordentlichen Betreuung des Kindes schon damals auf ein Nebengleis abgestellt wurde. Lucas besetzte schon als Säugling den Platz des Vaters im Ehebett, und er setzte auch später die Vertretung des Vaters fort.

*Die fehlenden Väter* spielen in vielen Fällen eine große Rolle. An dieser Stelle wollen wir keine genaue Analyse dieser Erscheinung vornehmen, obwohl es verlockend wäre, sich einmal damit zu befassen, warum viele Männer das Technische, das heißt das Leblose so bevorzugen. Wir wollen uns hier darauf beschränken, daß heute das männliche Vorbild weitgehend fehlt. Die heutigen Väter verachten zum großen Teil ihre eigenen Väter, die sich mit Krieg und den politischen Verwirrungen die Hände beschmutzten. Zugleich aber sagen sie sich auch von der positiven männlichen Stärke los, zu der die Aggressionskraft im Sinne eines entschiedenen Herangehens an das brennende Problem gehört. (Das lateinische Wort »aggredi« hat nicht nur eine zerstörerische Bedeutung, sondern auch eine positive im Sinne von »jemanden angehen, jemanden für sich zu gewinnen suchen«.) Diese Kraft fehlt vielen Männern in ihrer Ehebeziehung, aber auch bei der Erziehung ihrer Kinder, vor allem dann, wenn sich ein größeres Problem stellt.

Viele Männer verzichten auf ihre väterliche Kraft aber auch deshalb, weil sie in ihrer Herkunftsfamilie, die aus verschiedenen Gründen kinderarm war (»vaterlose« Gesellschaft nach dem Krieg, Geburtenplanung usw.), zu lange im Bann ihrer Mutter geblieben und dadurch zum Muttersohn geworden sind. Der Junge trat an der Seite seiner Mutter für deren Mann auf. Da er sich nach dem Vorbild der Mutter richten mußte, konnte er aber das Männliche nicht entfalten. Er wurde höchstens ein Abbild eines Mannes, eine Annäherung an ein Ideal, so wie die Frau es sich in ihrer Phantasie erträumte: ein Traummann, ein Prinz. Seine Schwester zog in der Kleinfamilie den kürzeren, fühlte sich allein gelassen nicht nur von der Mutter, sondern auch von dem zu harten, kriegerischen bzw. dem sensiblen, zum Außenseiter gewordenen Vater. Häufig ging sie mit ihm einen geheimen Solidaritätspakt ein. Später, als erwachsene Frau, suchte sie sich dann einen Mann, der das Gegenteil von dem zu strengen Vater sein sollte. Sie suchte sich einen sanften, weichen Mann. Frauen, die besonders innig mit ihrem Vater verbunden waren, sich aber aus Angst vor Inzest nicht voll auf ihn einlassen konnten, wählten einen Ehepartner, der ihrem Vater sehr ähnlich war. Auch er sollte ein sanfter, nachgiebiger Mann sein. So entstand bei den heutigen Frauen das Bild des idealen Mannes: *der Softie*. Weg von dem Mann mit der Baritonstimme, der sich mit Männern auf Fußballplätzen und bei Boxkämpfen herumtreibt, der herzhaft in eine Gänsekeule hineinbeißt, hin zum lyrischen Tenor, der mit Kindern spielt und mit ihnen Müsli ißt. Für eine Freundschaft zwischen Mann und Frau ist ein solcher Softie sehr geeignet. Weniger aber für die Familie, wo dieser Softie Vater eines starken Sohnes sein soll. Ohne es selber geahnt zu haben, hat er eine systemische Verstrickung mitgeheiratet. Die Frau neigt dazu, die beneidenswerte Mutter-Sohn-Beziehung aus der sie als Mädchen ausgeschlossen war und die sie sich nur mit Schmerz anschauen konnte, jetzt zu erleben. Nun, da sie Mutter geworden ist und einen Sohn bekommen hat, erlaubt sie sich, die Liebe, die sie damals nicht bekommen hat, zu leben, indem sie das Muster ihrer Herkunftsfamilie wiederholt. Der Sohn bekommt daher mehr Gewicht als der Vater. Dem Softie-Ehemann aber fehlt die Kraft, seine erste Stelle bei der Frau zu erobern und den Sohn auf die zweite Stelle, nämlich die des Kindes zu setzen.

Zweifellos spielen aber auch noch andere Einflüsse eine Rolle. Die emanzipierte Frau von heute nimmt sich das Recht, genauso stark zu sein wie der Mann. Unter den fortgesetzten Verstrickungen im System der Herkunftsfamilie gerät jedoch das sonst gut gemeinte Streben oftmals aus den Fugen. Die Emanzipation findet im Kopf statt, im Herzen und im Bauch aber sitzt Angst, Wut und Haß, denn der Sohn entwickelt sich zum kleinen Tyrannen, der Vater fällt völlig aus und die Mutter fühlt sich nicht einmal als Mutter stark, sondern ohnmächtig. Wie verhext! Was aber wie ein verhextes Schicksal ausschaut, ist im Grunde nur die Auswirkung der nicht versöhnten ursprünglichen Beziehungen. Der Haß gegen die eigene Mutter oder den Vater lebt wieder auf. Manche Frauen spüren in einer solchen verzweifelten Lage, daß sie ihre weibliche Stärke entwickeln müssen. Das einfachste Mittel, um stärker als der Mann zu sein, ist, den Mann schwach zu machen, noch schwächer als er war, als sie ihn kennenlernte. Tatsächlich versucht sie ihn seelisch zu kastrieren, sobald sie seine Softie-Art nicht mehr braucht. Wenn er nämlich als unverbindlicher Freund bzw. als Liebhaber nicht mehr zählt, sondern nur als ihr nächster Verbündeter, als Mann und als Vater des Kindes, ihr verbindlich zur Seite stehen sollte, vermißt die Frau seine männliche Unterstützung. Sie fühlt sich alleine, allein gelassen, alleinstehend, alleinerziehend. Sie kann es durchstehen, weil sie in dieser durchorganisierten Gesellschaft sozial abgesichert ist. Um die fehlende moralische Unterstützung zu bekommen, verbindet sie sich mit anderen alleinerziehenden Frauen. Aber diese Stütze birgt auch eine Gefahr. Die Frau fühlt sich in ihrer Meinung bestätigt, daß der Mann nichts tauge. »Ach die Männer! Die drücken sich vor ihrer Verantwortung. Sie sind Egoisten! Sobald das Kind auf die Welt kam, war es mit der Ehe aus. Die Konkurrenz mit einem Sohn konnte er nicht ertragen.« Anstatt ihn zurückgewinnen zu wollen, ihn auf eine weibliche Weise zum Mannsein zu verführen, gibt ihm die Frau einen Laufpaß. Da viele Männer heute zur Übernahme ihrer Vaterrolle (im Sinne des männlichen Vorbildes, des Haltgebens, des Beschützens) nicht in der Lage sind (siehe dazu die vorherigen Ausführungen), läßt er sich leicht zur Karikatur degradieren und davonjagen. Er läßt es zu, daß er in Verruf kommt, weil er nicht rechtzeitig das Unterhaltsgeld zahlt und sein Kind an den Wochenenden mit Hollidayparks, McDonald und Computerspielen total überfordere, so daß es dann jeden zweiten Montag in der Schule durch seine Konzentrationsstörungen auffalle. Die Erziehung überläßt er seiner Frau, unabhängig davon, ob er mit ihr noch zusammenlebt oder geschieden ist. Keiner von den beiden hat

bis dahin auch gelernt, wie man Meinungsverschiedenheiten austragen und einen Kompromiß schließen kann. *So wird Erziehung immer mehr zur Frauensache.* (Bei Vorträgen über Erziehung beobachte ich immer wieder, daß nur etwa vier Prozent der Teilnehmer Väter sind.) In der Regel haben auch Jugendämter und Scheidungsrichter wenig Vertrauen in die Väter, so daß sie ihnen selbst größere Söhne nicht zusprechen. Es stellt sich die Frage, welche Lösung die bessere wäre. Die mütterliche *Erziehung des Sohnes gegen den Vater* ist in jedem Fall schädlich. Entweder muß sich der Sohn dann auf die Seite des Vaters schlagen und wird durch die *Identifikation* mit ihm genauso zum *schwarzen Schaf*, oder er vertritt seinen Vater, indem er seine Rolle als Beschützer seiner Mutter nachahmt. Dadurch aber wird er überfordert und entfernt sich von seinem eigenen Selbst. Die Geschichte von Lucas und seinem Bruder hat diese Probleme deutlich gezeigt.
Ohne die Verarbeitung der systemischen Problematik kann Lucas nicht anders, als für seinen Vater zu kämpfen. Solange dieser von der Mutter, von dem anderen Sohn und auch von den Jugendämtern verachtet wird, muß Lucas seine Mutter durch das Tyrannisieren kleinmachen und seinen Bruder, aber auch alle anderen, piesacken.

### *Maxi, Mamas Quäler*

Auf den ersten Blick ist Frau B.s vierjähriger Sohn Maxi ein sanftes Büblein. Im Kindergarten kennen sie ihn nicht anders. Auch zu seiner älteren Schwester, seinem Vater und seinen Großeltern, besonders dem Opa mütterlicherseits, ist er sehr lieb, angepaßt, nie aggressiv. Nur die Mutter wird zur Zielscheibe seiner wüsten Angriffe. Der Straßenengel und der Hausteufel in einem, aber nur auf die Mama bezogen. Er höre überhaupt nicht auf sie, sie dagegen müsse auf ihn hören, sonst sei der Teufel los. Er kote auf ihrem schönsten Teppich ein, schmeiße ihre Meißener Porzellantassen durch die Gegend und zwicke sie so, daß sie blute. Sie habe eine panische Angst vor ihm und traue sich nicht, ihm etwas zu verbieten. Als er ihre Vorbereitungen für den Heiligen Abend störte, sei ihre Verzweiflung allerdings größer als ihre Angst gewesen. Sie habe versucht, ihn festzuhalten, so wie sie dies in Zeitschriften gelesen habe. Sobald sie ihn aber »von Antlitz zu Antlitz» in den Arm nahm, bekam sie so große Angst, daß sie sich erbrechen mußte und Maxi in seinem chaotischen Zustand wieder losgelassen habe. Durch gezielte Fragen erfuhren wir, daß sie sich zum ersten Mal in ihrem Leben erlaubte, nach diesem frontalen Umarmen von »Antlitz zu Antlitz, von Herz zu Herz« zu verlangen. Selbst ihr Ehemann respektiere ihre große Angst vor Nähe. Schließlich konnte die Ursache für Frau B.s Angst vor Nähe gefunden werden: als Kind wurde sie von ihrem Vater mehrere Male sexuell mißbraucht. Ein vollzogener Verkehr ereignete sich zwar nie, nur Petting und das vor der Mutter streng geheimgehaltene Schmusen. Sie hasse bis heute ihren Vater wegen dieser Übergriffe und habe zugleich schreckliche Schuldgefühle. Sie könne deshalb auch ihre Mutter nicht lieben. Seit ihrer Kindheit wisse sie, daß sie nach ihrem Tode mit der Hölle bestraft werde. Die Hölle habe sich für sie jedoch unerwartet früh offenbart. Als das von ihr heiß erwünschte Söhnchen nach seiner Entbindung auf ihr Herz gelegt wurde, und als sie es anschaute, habe sie einen riesigen Schreck bekommen: der Junge war seinem Großvater wie aus dem Gesicht geschnitten.

Ein psychologischer Kommentar erübrigt sich beinahe. Es zeigt sich, daß Verstrickungen auch von früheren Generationen herrühren können. Frau B. konnte sich ihrer Tochter als innerlich ausgeglichene Mutter durchaus stellen und sie vernünftig erziehen. Bei ihrem Sohn aber, den sie mit ihrem schuld- und angstauslösenden Vater identifizierte, rutschte sie in die Rolle des labilen Kindes, das sich aus panischer Angst allen Forderungen anpaßt und sich nicht »Nein« zu sagen traut. Ihr Sohn wird zum Opfer und ist unter dem Druck der systemischen Gesetzmäßigkeiten gezwungen, den Opa zu repräsentieren. *Maxi wird von seiner Mutter mit ihrem sie einst mißbrauchenden Vater unbewußt identifiziert.* Auf diese Weise macht sie ihn zu ihrem tyrannischen Quäler.

Diese Verstrickung ist überraschend oft die Ursache für Herrschsucht bei Jungen. Zugleich fällt auch die schwer zu überwindende Abwehr der Mutter gegen die feste Umarmung auf. Auf die Frage, ob das Kind bereit sei, mit ihr etwas länger zu schmusen oder zumindest länger auf ihrem Schoß sitzen zu bleiben als es ursprünglich wollte, reagiert die betroffene Mutter meist mit Entsetzen: »Das wäre doch Gewalt gegen das Kind! Das würde ich dem Kind niemals antun. Ich lasse es immer gehen, wenn es will.« Aufgrund des Wissens um die systemischen Ordnungen können wir annehmen, daß Inzest um so wahrscheinlicher ist, je gestörter die Beziehung zwischen den Ehepartnern ist und je mehr sich die Frau dem ungeliebten Mann sexuell verweigert. Diese begünstigenden Faktoren traten in den letzten zwei bis drei Generationen gehäuft auf. Die kirchlich verordnete eheliche Pflicht greift heute nicht mehr, daher wendet sich mancher Mann dann seiner Tochter zu, um sich von ihr die körperliche Liebe zu holen, die ihm seine Frau verweigert. Bei Hellinger lesen wir, daß bei Inzest »immer beide Eltern beteiligt sind, und zwar der Vater im Vordergrund und die Mutter im Hintergrund«. Die systemische Verstrickung betrifft die Tochter. Sie tritt für den Ausgleich ein und tut dies für die Mutter. Ihre geheime Opfergabe ist mit schwersten Schuldgefühlen verbunden und schürt dementsprechend krankmachende Wiedergutmachungen. So werden manche psychotisch, andere verweigern Sexualität und verstecken sich im Kloster, und wieder andere lassen sich vom eigenen Sohn schwerst demütigen.
Allerdings handelt es sich nicht immer um Inzest, wenn eine Tochter immense Angst vor dem Vater spürt und ihn mit Haß aus ihrem Herzen ausklammert. Verstoßen werden auch die herrischen, ungerechten, unberechenbaren Väter und Mütter, Onkel und Tanten. Das Sippengewissen sorgt schon dafür, daß einer der Nachkommen den Ausgeklammerten nachahmt. Die sicherste Frage, um einer solchen Problematik auf die Spur zu kommen, ist daher: »Erinnert das Kind an jemanden von Ihrer Sippe?« Oder: »Haben Sie Angst, Ihr Kind könne so wie der Sowieso werden, wenn er sich weiterhin so verhält?« Erst das Bewußtmachen solcher Identifikationen zeigt, wel-

ches Unrecht dem Kind möglicherweise geschehen ist, und erst die Auflösung der Identifikation macht auch die Mutter frei von ihrem inneren Zwang, Angst vor ihrem Kind haben zu müssen.

*Hubert, der Erste*

Zur Beratung kamen die Eltern wegen Martina. Sie sei mit ihren vierzehn Jahren zu aufsässig. Offensichtlich sei sie durch eine extreme pubertäre Krise gefährdet. Die Untersuchung aber enthüllte, daß die Krise bereits fünf Jahre dauerte und nicht durch die Pubertät, sondern durch den Verlust ihrer erstgeborenen Stelle ausgelöst wurde. Bis zum neunten Lebensjahr war sie ein Einzelkind, dem nichts fehlte. Sie wurde von allen geliebt, konnte aber auch die ihr gesetzten Grenzen akzeptieren. Das kleine Brüderlein habe sie sich genauso wie ihre Eltern heiß und innig gewünscht. Alsbald aber wendete sich das Blatt. Vom Zeitpunkt der dramatischen Entbindung, die mit einem Sauerstoffmangel einherging, war die verängstigte Mutter nur noch für das Baby da. Martina durfte es nicht einmal berührern, um ihm nur ja nichts anzutun. Der kleine Hubert wurde trotz aller Risikoumstände zum Sonnenschein. Er strahlte aber nur, solange seine Wünsche erfüllt wurden. Sonst brüllte er so fest, bis er blau im Gesicht war und in Atemnöte geriet. Auch von Martina verlangte er, daß sie genau wie die Mutter ihm jederzeit gefällig sei. So mußte sie alles aufheben, was er wegwarf und ihn bei Wettspielen immer gewinnen lassen. Beklagen konnte sie sich nur beim Vater, er hatte ein Ohr für sie. Aber wenn er sie zu verteidigen versuchte, gab es jedesmal einen Ehekrach. Im Kindergarten fiel Hubert durch sein allmächtiges, egozentrisches Verhalten auf. Besonders schwerwiegend waren die Klagen über Huberts Aggressivität, die er mit besonderer Vorliebe gegen Mädchen richtete, wenn sie ihm nicht gefällig waren. »Aber er möchte sie doch liebhaben!«, rief die Mama. Schuld sei Martina. Sie habe ihm dies angewöhnt, denn er müsse sie immer lange piesacken, bevor sie etwas für ihn mache.« Die dem Gespräch still beiwohnende Martina warf wütend ihren Schlüsselbund auf den Tisch und schrie: »Jetzt habe ich aber genug!« und rannte aus dem Zimmer. »Jetzt wissen Sie, weshalb ich mir wegen Martina Sorgen mache«, sagte darauf die Mutter. Es dauerte lange, bis die Eltern begriffen, daß das Sorgenkind nicht Martina, sondern der kleine Tyrann Hubert ist.

Nach der systemischen Ordnung spielt bei der Rangordnung der Geschwister, unabhängig von Geschlecht oder Sorgebedürftigkeit, die zeitliche Reihenfolge des Kommens die entscheidende Rolle. Der Erstgeborene hat Recht auf die erste Stelle, der Zweitgeborene auf die zweite Stelle usw. Der Erste hat mehr Pflichten, aber auch mehr Rechte, der Zweite braucht nicht soviel Pflichten auf sich nehmen, hat dafür aber auch weniger Rechte.
Bei Martina und Hubert lag das Problem darin, daß die *Rangordnung innerhalb der Geschwisterreihe vertauscht wurde*. Die erstgeborene Martina gab ihre prominente Stelle voll und ganz an das Brüderchen ab. Ihr blieben nur die Pflichten, die Rechte verlor sie aber an den kleinen Bruder. Und obwohl er der Jüngere war, bekam er alle Rechte, und Martina, die Ältere, mußte sich ihm unterordnen. Er dagegen mußte keine einzige Pflicht wahrnehmen. Seine Pflicht wäre es beispielsweise gewesen, Sachen, die ihm hinunterfallen, in eigener Verantwortung aufzuheben. Oder im Kindergarten im Stuhlkreis sitzenzubleiben und nicht hin- und herzulaufen. So geriet bei den Geschwistern, aber auch zwischen den Eltern und dem jeweiligen Kind das *Gleichgewicht zwischen Geben und Nehmen* aus den Fugen. Martina mußte seit Huberts Geburt ihm alles geben, bekam aber von ihm nichts zurück. Solange er noch nicht in der Lage war, diesen Ausgleich selber zu leisten, hätten es die Eltern für ihn tun sollen, um so Martinas Geben zu würdigen. Ihr geschah zweifelsohne Unrecht, denn Hubert nahm nur und hielt das Nehmen immer mehr für eine Selbstverständlichkeit, die er auch in den Kindergarten übertrug. Er lernte nicht, daß es auch etwas zum Ausgleich gibt – mindestens seine Bereitschaft, sich der Gemeinschaft anzupassen oder beim Spiel auch einmal zu ertragen, verlieren zu können.
Niemand kann ein chronisch gestörtes Gleichgewicht unbeschadet ertragen. Martinas Verstrickung wird sie dazu treiben, sich auf Um-

wegen das zu nehmen, was sie vermißt. Der nächste Weg könnte zum Vater führen, von dem sie sich nun die Liebe holt, die ihr die Mutter verweigert – eine möglicherweise gefährliche Situation, denn die Grenze zum Inzest ist leicht verrückbar. Es mag aber auch sein, daß Martina dieser Gefahr ausweicht und alsbald von zu Hause weggeht, um sich die Liebe anderswo zu holen. Höchstwahrscheinlich würde sie, wenn sie selber einmal Mutter ist, das Verhalten ihrer Mutter wiederholen, so daß sie ihr das Nehmen, das ihr zusteht, an ihren Sohn delegiert. – Man kann nun natürlich fragen, ob auch Hubert der Leidtragende von der Geschichte werden mußte, da ihm doch alles gegeben wurde. Ganz sicher. Denn der kleine Tyrann zahlt für sein stetes Nehmenmüssen einen hohen Preis: ihm wird die Liebe von seinen Mitmenschen nicht gegeben.
Schicksalhafte Störungen in der Rangordnung der Geschwister gab es schon immer, wie uns auch die Geschichte von Kain und Abel zeigt. Je größer aber die Geschwistergruppe ist, um so eher ist es möglich, der Verstrickung auszuweichen. In den heutigen kinderarmen Familien sind jedoch oft alle betroffen. Um so mehr ist eine Umordnung im familiären System notwendig, damit bei keinem Kind ein falsches Selbstwertgefühl entsteht.

### *Kevin, der Adoptierte*

»Er ist eigentlich ein ganz lieber Bub«, berichten die Adoptiveltern. »Bloß bei besonderen Anlässen in der Familie, wenn sich Verwandte und Nachbarn zu Festen und Ausflügen treffen, drehe er durch. Er schreit dann, daß wir alle blöd seien und daß er sich langweile. Jedes Fest verdirbt er uns. Wir haben schon alles ausprobiert, aber nichts hilft. Zum Beispiel haben wir ihm unter Anleitung eines Verhaltenstherapeuten versprochen, daß er einen Chip bekommt, wenn er sich fünf Minuten unauffällig verhält. Hat er fünf Chips angesammelt, kaufen wir ihm die Playmobil-Ranch, die er sich so sehr wünscht. Aber nichts zu wollen, er hält nicht einmal die ersten fünf Minuten durch. Wir haben ihn auch schon festgehalten, damit er seinen Groll abreagiert und er auch unsere verletzten Gefühle mit-

bekommt. Er lacht uns dabei bloß an. Als wenn er unter einem inneren Zwang stünde, muß er bei den Festlichkeiten die Welt in die Luft sprengen, als wäre er ein Terrorist. Peinlich, peinlich! Wir fühlen uns als Eltern, die noch dazu Pädagogen von Beruf sind, bloßgestellt.«
Als Kevin seine Familie aufstellte, war seine Herzensverbindung mit der leiblichen Mutter ersichtlich. Die Adoptiveltern stellte er dagegen weit an den Rand. »Wir können unserem Kevin seine Mutter nicht verheimlichen. Er war ja bei ihr bis zu seinem vierten Lebensjahr. Wir sprechen aber auch nie schlecht über sie.« »Sprechen Sie auch gut über sie?« fragte ich. »Wie kann man über sie gut sprechen, wenn ihr das Sorgerecht entzogen werden mußte!?« Kevin weiß also, daß seine Mutter von den Adoptiveltern abgewertet wird. Er kann ihnen deshalb nicht voll dankbar sein. Im Tiefsten seines Herzens muß er seiner leiblichen Mutter die Stange halten und die Adoptiveltern immer dann abwerten, wenn sie sich mit ihm als ihrem einzigen Kind gesellschaftlich aufwerten möchten.

Für jedes Adoptivkind ist es wichtig, daß ihm die Ehrung seiner leiblichen Eltern möglich gemacht wird. Unter dem Einfluß der Erkenntnisse von systemischen Gesetzmäßigkeiten ändert sich daher auch allmählich das Denken der Adoptionsvermittlungsstellen. Dies ist um so wichtiger, seit sich die Adoptionsszene verändert hat. Aufgrund der Empfängnisverhütung in unserer Gesellschaft gibt es immer weniger Kinder für Adoptionswillige, so daß immer mehr Kinder aus Ländern der dritten Welt adoptiert werden. Wenn sie den *Ausgleich für ihre ausgegrenzten Eltern* machen und dann zu tyrannischen »schwarzen Königen« oder »Indio-Häuptlingen« werden, hat man weder ihnen noch den Adoptiveltern einen Gefallen getan. Gerecht kann die Adoption nur dann zustandekommen, wenn es dem adoptierten Kind möglich gemacht wird, seine leiblichen Eltern und Geschwister im Herzen behalten zu dürfen – unabhängig davon, ob sie weit weg auf Sri Lanka leben, in Sarajevo verstorben sind oder sich in der Drogenszene von Zürich bewegen.

## Wie das Beherrschen der Umwelt zur Sucht wird

Ich möchte nochmals betonen, daß es zur gesunden Entwicklung eines Menschen gehört, schon in den ersten Anfängen des zielgerichteten Handelns die eigene Wirksamkeit zu erleben. Je realer sich das Kind mit den Erfahrungen der eigenen Macht und des Herrschens auseinandersetzen kann – zu dieser Realität gehört auch das Wahrnehmen der Grenzen von dem Machbaren –, um so besser entwickelt sich die Ich-Identität, das Einschätzen der eigenen Stärken und Schwächen, die Einschätzung der anderen Menschen und die Achtung zu ihnen sowie die wahre Liebe zu sich selbst und zu dem anderen.

Die Kostproben seiner »Als-ob-Macht« prägen das Kind und vermitteln ihm ein unwahres Gefühl. Die Macht kann gut sein, aber die zwanghafte Abhängigkeit von der Macht ist schlecht. In seiner Omnipotenz hat das Kind das Gefühl, stärker als die Mutter zu sein. Dieses Gefühl als solches ist nicht schlecht und muß im Leben auch manchmal aufkommen; frühestens in der Trotzphase und spätestens in der Pubertät, wenn der »Wunsch der Vater des Gedankens und der Tat ist« und wir alles besser machen wollen, als es uns die Eltern vorlebten. Das treibt die menschliche Entwicklung voran. Ein Kleinkind aber ist mit einem derartigen Gefühl restlos überfordert. Es erlebt in der gleichen Relation, in der es sich als den Stärkeren erlebt, die Mutter als die Schwächere.

Das Verheerende dabei ist, daß das Kind diese Erkenntnis in einer Entwicklungsstufe hat, in der sein Grundbedürfnis nach Geborgenheit nach einer unverzüglichen Sättigung verlangt. Die Folgen dieses Geschehens, daß das Kind in dem noch symbiotischen Verhältnis zur Mutter die Macht über diese bekommt, stellen sich sofort ein: Das Kind kann bei einer schwachen und biegsamen Mutter nicht mehr die Geborgenheit, den Halt und die Orientierung finden.

Seine Angst vor dem Verlust der Geborgenheit steigt hoch. Um diese Angst zu mildern, fühlt es sich instinktiv gezwungen, von einer Ersatzbefriedigung Gebrauch zu machen. Die derzeitig am zuverlässigsten herstellbare, die Erwartungen erfüllende, bestens »funktionierende« Erfahrung besteht in der Ausübung der eigenen Macht über die nächste Umwelt. Aus dieser Erfahrung macht das Kind ein Ersatzmittel. Im Grunde ist es ein verzweifelter Versuch des Kleinkindes, sich in dieser stark verängstigenden Welt sicherer zu fühlen, indem es diese beherrscht. Ein Abwehrsystem gegen das Chaos.
Das Einsetzen der Macht als Ersatzmittel für unbefriedigte Grundbedürfnisse ist eine gefährliche Voraussetzung für das Entstehen einer Abhängigkeit von der Herrschsucht. Die Ersatzmittel können niemals die Sättigung der Grundbedürfnisse herstellen. Die Untersättigung wiederum hat zur Folge, daß die Ersatzbefriedigung in Form des Herrschens immer und immer wieder angewandt werden muß und schließlich zwanghaft wird.
Jeder Zweifel der Macht wird als Bedrohung der Geborgenheit empfunden. Diese affektiven Erfahrungen stehen in einem engen Abhängigkeitsverhältnis zueinander, denn die Geborgenheit wurde mit Macht kompensiert. Nur durch die Beherrschung der Umwelt fühlt sich das Kind sicher. Jede konträre Erfahrung, das heißt Anpassung an fremden Willen, hat den Verlust der Sicherheit zur Folge, die einer existentiellen Gefährdung gleichkommt. Das Herrschen entspringt nicht der kindlichen Willkür, sondern ist sein notwendiges Handeln zur eigenen Selbsterhaltung.

## *Die Auswirkungen der Herrschsucht auf geforderte Anpassung*

Durch das stete Überprüfen der Machtverhältnisse und das Sichwehren gegen die unbeherrschbaren Einflüsse gerät das betroffene Kind in eine *permanente Unruhe* und *kann sich nicht fallen lassen.* Es muß fortwährend überprüfen, ob die Verhältnisse in seinem Imperium noch stimmen: ob ihm keine unerwünschte Nahrung in den Mund geschoben wird, ob das Tempo des Tragens eingehalten wird, ob der Vater ihm bei der Fernbedienung des Fernsehapparates nicht zuvorkommt, ob die Mutter sich auf den erwünschten Platz setzt usw. Das dauerhafte Herrschen, Kontrollieren, Herausfordern, Im Mittelpunkt-sein-Müssen und die Abwehr gegen die Lernangebote – wo eventuell Schwächen beim Kind gefunden werden könnten – versetzen das Kind in einen Streß, der sich in Unruhe, nervöser Anspannung, Hyperaktivität und Unkonzentriertheit äußert. Diese Streßzustände bewirken einen *Teufelskreis:* Je gestreßter und verunsicherter das Kind ist, um so mehr muß es von seinen Ersatzsicherheiten Gebrauch machen.

Der Brennpunkt dieser gesamten Not liegt in der *zwanghaften Abwehr gegen die Anpassung*. Da die Anpassung nicht schon im Schutz des liebevollen Nestes gewissermaßen in Fleisch und Blut übergegangen ist, wird sie später mit den wachsenden narzißtischen Ansprüchen und dem bewußteren Ich als Beleidigung, Unrecht, Herausforderung, als Grund zur Verweigerung und zur Rebellion empfunden. Die Anpassung ist dann etwas Fremdes, etwas Gefährliches, gegen das man sich wehren muß.

Das Kind gerät in qualvolle Ambivalenz zwischen seinen größten Wünschen und der Angst davor, sich anzupassen, um den Wunsch erfüllt zu bekommen. Daraus resultiert eine innere Zerrissenheit. Das Kind hat ein großes Bedürfnis nach Liebe, aber es kann sich dem Zärtlichkeitsangebot seitens der Mutter nicht anpassen. Es möchte sich bei dem Vater so gerne fallen lassen, aber es kann nicht, weil es über ihn herrschen muß. Es möchte so gerne einmal satt essen, würde gerne vom Essen der anderen probieren, kann sich aber an das Essensangebot nicht anpassen. Lieber verhungert es, als sich dem Essensangebot zu fügen. Hier wird auch wieder deutlich, daß das Bedürfnis nach Geborgenheit – mit der Ersatzbefriedigung Macht – gegenüber dem lebenserhaltenden Grundbedürfnis nach Nahrung den Vorrang hat. Wenn diese Kinder nicht so unglücklich wären, müßte man sie eigentlich wegen ihrer Durchsetzungsfähigkeit bewundern. Einen unvergeßlichen Eindruck machte auf mich die dreieinhalbjährige Alexandra, die wegen einer muskulären Hypotonie und Verweigerung der therapeutischen Behandlung stationär in einem verhaltenstherapeutisch ausgerichteten Institut aufgenommen wurde. Sie konnte sich »ihre Leckerbissen mit Leistung verdienen«. Drei Monate lang hat sie sich jeden Nachmittag und Abend geweigert, sich der Therapeutin anzupassen, und lieber gehungert. In der Nacht holte sie sich in unbeobachteten Augenblicken Essiggurken aus dem Kühlschrank, um das größte Hungergefühl zu beruhigen.

Mit ihrer hartnäckigen Verweigerung bringen sich manche Kinder unwissend auch in lebensbedrohliche Zustände. Sie verweigern jede ärztliche Anweisung, sei es eine bestimmte Medizin, eine Spritze, Diät oder Bettruhe. Ein zehnjähriger Bub hätte seine Lebenserwartungen verlängern können, wenn er sich den ärztlichen Anweisungen wegen seiner Zuckerkrankheit hätte anpassen können. Er ließ sich weder vom Arzt noch von den flehentlich bittenden Eltern dazu überreden.

Bei herrschsüchtigen Erwachsenen sind uns solche selbstvernichtenden Tendenzen bekannt. Ich denke an einen Ehemann, der, obwohl er die Sinnlosigkeit seiner Argumente gegen die berufliche Selbstverwirklichung seiner Ehefrau erkennt und seine Frau liebt, seine Entscheidung für eine Ehescheidung nach dem Motto »entweder ich oder dein Beruf« nicht zurücknehmen kann und lieber in tiefer Einsamkeit und Depression versinkt. Auf alle Versuche von Verwandten und Freunden, seine Entscheidung zu widerrufen, reagiert er mit panischer Angst vor einer Entmachtung, begibt sich in die Nähe eines paranoiden Wahnzustandes und fängt an zu trinken.

Das Bedürfnis des Allmächtigen, über *alles* zu entscheiden, läßt ihn auch *alles* verlieren.

Das herrschsüchtige Kind möchte so gerne spielen und steht sich auch da selbst im Wege. Es muß auf das Spielen mit anderen Kindern verzichten, weil es sich den Spielideen der anderen nicht anpassen kann, nicht warten kann, das Mittelpunktbedürfnis nicht aufgeben kann und auf gar keinen Fall im Spiel verlieren darf.

Auch das schulische Lernen, die Erziehung und das Einhalten von anderen Spielregeln in den allgemeinen Lebenssituationen, die ei-

ner notwendigen Anpassung bedürfen, werden vom Kind blockiert, weil es zwanghaft auf sein »Regierungsprogramm« beharren muß. Jede Auseinandersetzung mit eigenen Schwierigkeiten wird als Entmachtung empfunden. Solche Auseinandersetzungen gehören aber zum Lernen! Es gibt Kinder, die das Lernen so stark boykottieren, daß sie letzten Endes als geistig Behinderte gelten.
Jedes Anpassen wird dem Verlieren gleichgesetzt, und jedes Verlieren bedeutet für das Kind Entzug von Ersatzbefriedigungen. Dem Kind geht es dann nicht anders als jedem Süchtigen, dem die Sucht untersagt wird. Es gerät in Entzugserscheinungen mit Panik, tiefer Depression und Amoklauf gegen diese Verunsicherung.
Für das Kind wird zum Verhängnis, daß es sich *gegen die Anpassung nicht mit echter Aggression wehren kann.* Diese lebenswichtige Dimension, die normalerweise einem Kind die Kraft und den Mut gibt, die Bindung aufzugeben und die Lösung zu wagen, indem ein zorniger Widerstand gegen den Widerstand geleistet wird, bleibt dem herrschsüchtigen Kind versagt. Das Kind ist in der *Stufe der Wut blockiert*, die wesentlich unreifer ist als die des Zornes. Es ist die babyhafte Stufe, in der das gefährliche Gefühl der Omnipotenz entsteht. Im Normalfall setzt der Zorn erst in der Trotzphase ein. Zwischen Wut und Zorn besteht ein qualitativer Unterschied. Ich zitiere Alexander Lowen: »In einem Wutausbruch steckt zwar ein starkes Element des Zornes, aber die beiden Ausdrücke sind nicht identisch. Wut hat eine irrationale Qualität – man denke nur an den Ausdruck ›blindwütig‹. Zorn ist im Gegensatz dazu eine konzentrierte Reaktion, er ist auf Beseitigung einer Kraft gerichtet, die dem Betreffenden entgegenwirkt. Wenn die Kraft beseitigt oder zunichte gemacht wird, legt sich der Zorn … Wut ist der Provokation nicht angemessen, sie ist übertrieben. Wut hört nicht auf, wenn die Provokation beseitigt ist; sie geht weiter, bis sie erschöpft ist. Und Wut ist nicht konstruktiv, sondern destruktiv…«.[32]
Wegen der Nachgiebigkeit der Eltern hat das Kind die Wut nicht richtig ausleben können. Zu einem Kompromiß ist es nicht fähig, weil es sich weder emotional in die Lage des Gegenübers einfühlen

noch sich vernünftigerweise dem Lösungsvorschlag anpassen kann. Ein Kompromiß würde eine unerträgliche Kapitulation bedeuten. Die Mitte gibt es nicht.

Das Spannungsfeld, in dem sich das Kind behaupten möchte, entsteht zwischen den Ansprüchen des Lebens, einerseits, das voller Veränderungen und notwendiger Anpassung ist, und dem sturen Beharren auf das eigene Sicherheitssystem andererseits, das das Kind zum Selbstschutz aufbaute. Die besten Energien werden im Kampf gegen die Umwelt verbraucht. Das Kind unternimmt »enorme Anstrengungen, um sein Selbstwertgefühl zu sichern; es baut Sicherungen auf, die das Ich vor Bedrohungen von außen schützen und seinen Macht-, Geltungs- und Überlegenheitsanspruch bewahren und durchsetzen sollen. Ein System von Sicherungen fixiert den Menschen jedoch auf sich selbst, er zieht sich von den Anforderungen des Zusammenlebens zurück und folgt seiner eigenen, wirklichkeitsfremden Logik.«[33]

Da weder die eigenen Kräfte noch die der Umwelt realistisch eingeschätzt werden, kann sich das Ich nicht den Anforderungen des Lebens stellen, sich nicht messen und sich nicht behaupten. Dabei sollte sich gerade aus diesem Spannungsfeld die Mitte ergeben. Das darf aber nicht sein!

Die von diesem Spannungsfeld hervorgerufene Angst vor dem Verlust der Geborgenheit und die damit einhergehende Unruhe verlangen nach Beruhigung und innerem Ausgleich.

Ob das Kind das Spannungsfeld ertragen kann, sich damit arrangiert, mit Abwehr gegen die Ängste oder mit hochgradigen Störungen auf das Spannungsfeld reagiert, hängt von seinen seelischen und geistigen Fähigkeiten, seinem Leistungsvermögen in der jeweiligen Reifestufe und von der Reaktion der Umwelt ab. Je zuverlässiger und erfolgreicher sich das Abwehrsystem bewährt, um so schneller wird es gelernt und um so eher stabilisiert es sich. Der Erfolg dieses Lernprozesses ist hauptsächlich abhängig von der erfolgreichen Vermeidung der Anpassung. Von den zahllosen Variationen und Kombinationen derartiger Abwehrsysteme nenne ich als »Kostprobe« einige *Tendenzen:*

– Ein Kind, das zu Introversion und Angst neigt, wird eher seine herrschenden Ansprüche gegen die Mutter richten, um mit ihr eine weiterführende symbiotische Verschmelzung einzugehen. (Neigung zu einem symbiotisch-psychotischen Syndrom nach Mahler).
– Ein geistig minderbegabtes Kind mit einer Neigung zu Introversion und Angstanfälligkeit wird eher die Lernangebote verweigern, sich geistig zurückbilden und eventuell autistische Symptome entwickeln.
– Ein intellektuell reiferes Kind mit Neigung zu Introversion und Ängstlichkeit wird bei der Konfrontation mit neuen Situationen der sogenannten Schwellenangst ausgeliefert sein, neurotische Ängste vor der Angst entwickeln und den potentiellen Beschützer in seine Ängste mit einbeziehen (Neigung zu Angstneurosen bzw. zur Hysterischen Neurose).
– Eine Extroversion und ein dynamisches Temperament ermöglichen dem Kind, das Herrschen expansiv auf die ganze Welt auszudehnen. Ein Kind schafft es mit Charme, das andere macht von brutaler körperlicher Aggression Gebrauch. Diese zu Aggressionen neigenden Kinder gehen »den Weg des Bösen«, weil sie durch ihre destruktiven Taten am sichersten die voraussehbaren Reaktionen der Umwelt auslösen. »Das habe ich gewußt, daß mich der Lehrer rausschmeißt«, meint der Bösewicht und fühlt sich für den Augenblick sicher (Neigung zur antisozialen Persönlichkeitsstörung[34]).
– Ein intelligentes und sprachlich begabtes Kind wird sein Besserwissen und das Begründen von eigenem Recht und eindeutiger Schuld der anderen einsetzen, um sein Gegenüber mit seinem selbst aufgestellten moralischen Kodex zu manipulieren (u.a. Neigung zum »Helfersyndrom« nach Schmidbauer).
– Ein weniger durchsetzungsfähiges und krankes Kind wird die Krankheit einsetzen, seine Symptome demonstrieren wie Atemnot bei einer Bronchitis, Schwindelgefühle bei Anfallserkrankungen usw., um die Umwelt nach eigenen Erwartungen in Bewegung zu setzen (Neigung zu psychosomatischen Krankheiten).
Die Machtausübung im Rahmen der Abwehrsysteme kann also sehr unterschiedlich sein: »symbiotisches Aussaugen«, Manipulieren,

Verweigerung, »die Rolle des Dummen spielen«, Krankheit, körperliche Gewalt, Demonstrieren der Schwäche, Schuldzuweisungen, Charme, Unbedingt-helfen-Müssen usw.

### *Die Auswirkungen der Herrschsucht auf die Persönlichkeitsentwicklung*

Aus dem Schema 3 wird ersichtlich, daß die Blockierung die ganze Persönlichkeit zum Erlahmen bringt. Betroffen sind sowohl die Affektivität, die gefühlsmäßige Erlebnisfähigkeit sowie das soziale Verhalten, als auch die Denkprozesse.
Neben individuellen Anlagen wie Begabungsstruktur, Durchsetzungskraft u.a. ist für das Ausmaß der Schädigung bedeutsam, auf welchem Niveau sich die Entwicklung des Verständnisses für die Realität in der Zeit der Machtübernahme befand.
Vergleichen könnte man es mit einer Straße, an der kurz vor der Gabelung eine Bombe explodierte.

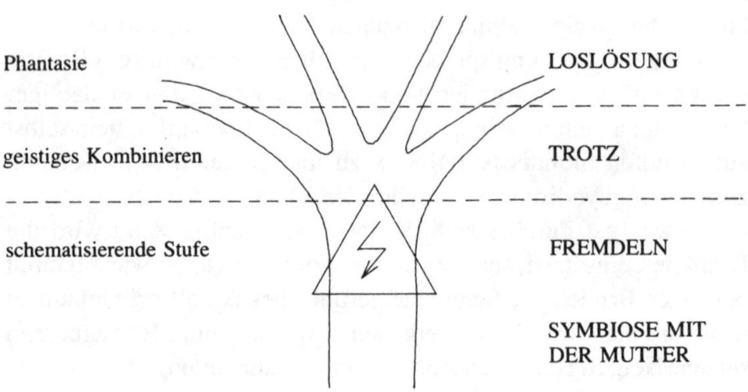


*Schema 5:* Blockierte Bereitschaften und Fähigkeiten

Der Schaden weitet sich in alle Richtungen aus. Die Fahrzeuge an der Zufahrtstraße stauen sich vor dem Tatort; sie können nicht weiterfahren.
So bleibt auch die *symbiotische Verknüpfung* an die Mutter aufrechterhalten, allerdings mit dem Unterschied, daß nicht das Kind von der Mutter, sondern die Mutter vom Kind bewegt und geführt wird. Das Baby verwirklicht sich, indem es die Mutter an der nicht mehr sichtbaren, jedoch vorhandenen Nabelschnur zerrt. Geschah die Katastrophe kurz vor der Gabelung in der Zeit vor dem *Fremdeln*, bleibt dieses verschüttet, zumindest erschüttert. Betroffen sind auch Fähigkeiten, die aus dem Fremdeln hinauswachsen: die Distanz, die Bereitschaft zu warten, das erste Abwarten der Alternativreaktionen bei der Mutter (»Gibt sie mir die Brust gleich oder muß ich weinen?«, »Nimmt sie mich gleich in den Arm oder muß ich weinen?«). Am Ausbleiben der Fremdelphase kann allerdings auch eine Störung des Bindungsbedürfnisses von der frühesten Lebenszeit beteiligt sein. Je mehr das Kind an die Mutter gebunden ist, um so mehr vermißt es sie und fremdelt – und umgekehrt. In unserem Bild des Bombenanschlags stelle man es sich als ein mächtiges Fahrzeug vor, welches nicht genug Treibstoff hat und den Verkehr bis zum Tatort verstopft.
Das *Denken* können wir mit Flugzeugen vergleichen, die über den Tatort fliegen. Jedenfalls färben die Sicherheitsmaßnahmen der betroffenen Stufe auf das Denken ab, indem sie sich auf die beherrschbaren, da vorhersehbaren Schemata stützen. Je nach Intelligenz entwickelt sich daraus häufig ein hohes technisches Denken. (Es bleibt zu fragen, ob zwischen diesem linearen Denken, für welches die Männer besonders begabt sind, und deren Anfälligkeit für die Herrschsucht ein Zusammenhang besteht?). Die Bereitschaft zu freiem, alternativfreudigem geistigen Kombinieren in »Gabelungen«, das der sogenannten sozialen Intelligenz, der Kompromißfähigkeit und dergleichen zugrunde liegt, bleibt verhindert. Je schwerfälliger das Denken, um so mehr verharrt es in der Einfachheit der ursprünglichen Schemata: Eine bestimmte Ursache hat eine bestimmte Wirkung. Zum Beispiel löst jedes

Drücken der Knöpfe am Fernseher das Schimpfen der Mutter aus. Wenn auch bei einem schwach begabten, eventuell sinnes- oder sprachgeschädigten Kind das geistige Kombinieren einsetzte, neigt dieses zur Zurückbildung – Flugverbot für Flugzeuge in höhere Luftschichten –, sobald es durch einen Verlust der Geborgenheit erschüttert wurde.

Je nachdem, ob und wie zum Zeitpunkt des Krisenalarms das konkrete Denken ausgebildet war, leidet der Bezug zur Realität mehr oder weniger stark. Wenn dennoch die Zusammenhänge in der Außenwelt realistisch erfaßt werden, dann weicht zumindest die Einschätzung des eigenen Selbstwerts und der Werte der anderen Menschen von der Realität ab. Bei einer hohen Begabung zur Phantasie, die gleich an der Stufe des schematisierenden Denkens einsetzt und die Stufe des konkreten geistigen Kombinierens überfliegt, ohne hier die Realität erfaßt zu haben, wird ein realitätsfremdes, psychotisches Denken begünstigt – das Kind glaubt tatsächlich, Rambo zu sein, vor dem sich alle fürchten müssen –.

Wie bei einem Mosaik passen nur gewisse Verhaltensauffälligkeiten in das Bild.

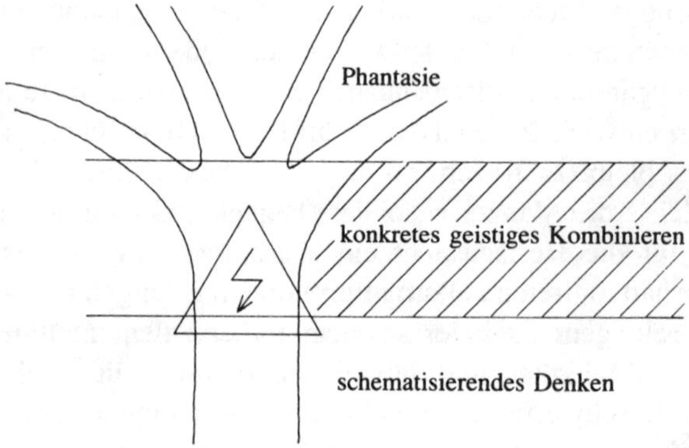


*Schema 6:* Blockierung des Verständnisses für die Realität

*Warum fällt die Trotzphase aus?*
Weil das Kind den Trotz nicht notwendig hatte, um sein Ich vom Du abzugrenzen. Es hat sich schon davor als Herrscher gegen die Untertanen abgegrenzt. Wenn diese nicht folgen, äußert der Tyrann sein Unbehagen mit Wut, die viel primitiver, kleinkindhafter und destruktiver ist.

*Warum braucht der kleine Tyrann weniger Ersatzmittel (wie Schnuller) oder Übergangsobjekte (wie zum Beispiel ein bestimmtes Stofftier), die von Kindern anstelle der Mutter normalerweise zur Bezugsperson gemacht werden, um sich von ihr loszulösen?*
Weil die Machtausübung zu diesem Zeitpunkt zu einer viel zuverlässigeren, sicherer herstellbaren und wahrnehmbareren Erfahrung wurde als jedes andere Ersatzmittel. Auf Schnuller greifen die kleinen Tyrannen meist erst dann zurück, wenn sie vorübergehend die Macht aufgeben und sich fallen lassen müssen, um einzuschlafen.
Im Grunde klebt das Kind immer noch am Nest. Es spürt die von ihm tyrannisierte Mutter so körpernah, daß es sie nicht durch Übergangsobjekte ersetzen muß. Sie wird nicht vermißt, um ersetzt werden zu müssen.

*Warum kann sich der kleine Tyrann von seiner Mutter nicht loslösen?*
Er kann die Mutter nicht loslassen, weil sie das Imperium darstellt, in dem er sich als Allmächtiger sicher fühlt. Je gefährdeter er sich durch die Macht anderer Menschen (auf dem Spielplatz, im Kindergarten) fühlt, um so dichter – bis zur Verschmelzung – klammert er sich an die Mutter an. Sie ist ja der Rest seines Königsreiches. Trotz der Verbindung mit der Mutter fühlt er sich aber immer noch nicht geborgen, weil er sie als Schwächere empfindet und sie beherrschen muß. Ein Teufelskreis, aus dem er nicht herausfindet! Solange das Kind das Bedürfnis nach Geborgenheit nicht sättigen konnte, wird es sich auch nicht loslösen können.

*Warum kann das Kind kein starkes, belastbares, soziales Ich entwickeln?*
Einige Barrieren direkt am Tatort versperren den Weg:
Durch die Angst vor Anpassung an unvorhergesehene, entmachtende Veränderungen wird die Unternehmungslust gehemmt.
Die ausgebliebene Lust, das Ich vom Du abzugrenzen, indem man sich dem anderen stellt, ihm nacheifert, sich in ihn einfühlt, mit ihm handelt und verhandelt und mit ihm neue Wege sucht, läßt den wahren Willen nicht zur Entfaltung kommen.
In den Genuß des Erlebens und Ausdrückens der starken polarisierten Gefühle, die den Menschen lebendig und bewußt machen, Zorn und Liebe, Angst und Mut und dergleichen, kommt der Herrschsüchtige nicht.
Die Affektivität wird im Es-Stadium konserviert. Sämtliche kleinkindhaften Einstellungen und Haltungen bestehen fort; dazu gehören Egoismus, egozentrisches Streben nach Mittelpunktsituationen, totalitäre, rechthaberische Ansprüche, Narzißmus sowie das Gefühl der Allmächtigkeit in dem »magischen All« (»Wenn mir jemand etwas antut, stürzt mein Himmel ein«).
Verfügt das betroffene Kind über innere Entwicklungskräfte, die die Verbarrikadierung durchbrechen, dann werden diese schmalspurigen Pässe alsbald zu Engpässen. Die weitere Entwicklung bringt nur ein scheinbar starkes, im Grunde aber ein labiles Ich hervor. Die sich weiter ausbreitende kleinkindhafte Affektivität zeichnet den Weg zu einer egozentrischen, antisozialen Persönlichkeit vor, die zu Selbstherrlichkeit, Selbstüberschätzung und Mißachtung sowie Ausnützung der anderen neigt.
Das Erlebnis der Liebe entgeht dem Tyrannen. Den anderen Menschen liebt er nur einseitig. Er liebt ihn, um von ihm zu nehmen. Und sich selber mag er nur, solange er herrschen kann.
So wird das Gelingen des Herrschens zum Maßstab aller Gefühle und Beziehungen, aber zugleich auch zur Quelle einer steten Unzufriedenheit, Anspannung und Angst vor Verlust der Macht.

## Der Entzug der Macht führt in eine Krise. Dekompensation beim Kind

Solange das Kind sein Grundbedürfnis nach Sicherheit erfolgreich mit dem Beherrschen der Umwelt kompensieren kann, hat es das Gefühl, seine Welt sei in Ordnung. Die Notwendigkeit, sich einmal im Leben anpassen zu müssen, kommt aber irgendwann auf jeden zu, sie ist unvermeidbar. Die Bezugspersonen verkennen oft die kritischen Situationen des Kindes. Sie verharmlosen sie oder meinen, sie realistisch auffangen zu können. Auch wenn man möchte, man kann das Kind nicht vor Krisen bewahren. Diesbezüglich neigen die meisten Eltern zu unnötigen Selbstvorwürfen. Das Gegenteil ist die Realität: Solche Konfrontationen mit der Wirklichkeit gehören zur aktivierenden Lebenskraft. Für das herrschsüchtige Kind haben sie eine besondere Bedeutung, denn sie machen erstmalig auf seine Not und die Notwendigkeit der Hilfe aufmerksam.

Für das Kind beginnt folgender krankmachender Prozeß: Die bis dahin gelungene Kompensation durch Beherrschen der Umwelt als Sicherheitsersatz kippt durch den Entzug dieser Ersatzbefriedigung in eine drastische Dekompensation um. Das Kind verliert seine scheinbare Sicherheit, es fühlt sich ungeliebt, einsam und existentiell gefährdet. Jetzt neigt es, je nach Persönlichkeitsanlagen, zu einem depressiven Zusammenbruch oder zu sofortiger Mobilisierung neuer Ersatzmittel, hauptsächlich aggressiven Charakters.

Im folgenden finden sich einige Beispiele für Anlässe zur Dekompensation und die daraufhin sich einstellenden Reaktionen.

*Anlaß zur Dekompensation: Erste Anregungen zur aktiven Anpassung an den Partner*
Für Luisa war das Einklemmen der Finger gewissermaßen der letzte Tropfen, der das Faß zum Überlaufen brachte: Es fand eine Dekompensation statt. Es ging dem Mädchen ähnlich wie vielen anderen Kindern auch, die zu sprechen und zu spielen anfangen. Sie werden aufgrund ihrer erworbenen Fähigkeiten zur Kommunikation und zum gemeinsamen Spiel aufgefordert. Die vielen Fragen und Spielanregungen (»Wie heißt du? Wie macht der Hund? Wirf mir den Ball zu! Gib der Puppe ein Küßchen« usw.) bringen ein solches Kind in den »Schach-matt-Zustand«. Ich kenne Kinder, die in derartigen Situationen den Spieß sofort umdrehen und die Mutter zur Marionette machen.
*Reaktionen:* Totale Verweigerung der Nahrungsaufnahme – Rückbildung des aufgebauten Spielverhaltens – Ablehnung von Ansprache und Spielanregungen – Mutismus – Verschmelzung mit der Mutter u.a.

*Anlaß zur Dekompensation: Verlust der Mittelpunktsituation in der Familie*
Michael fühlte sich entthront durch die Ankunft der kleinen Schwester.
Philipp fühlte sich durch die Geburt eines weiteren Bruders zunächst gar nicht verunsichert; erst dann, als dieser durch einen Unfall zum Sorgenkind und zum eindeutigen Mittelpunkt der Familie, Verwandten, Ärzte und Freunde wurde.
Marion genoß bei der Großmutter die breite Aufmerksamkeit. Sie konnte mit ihr machen, was sie wollte. Als die Oma zur Kur mußte, brach für sie die Welt zusammen.
*Reaktionen:* Ausbruch eines enorm destruktiven Verhaltens – »Störenfried« – »Bösewicht« (dahinter steckt der verzweifelte Versuch, die vorhersehbaren, wenn auch negativen Reaktionen der Umwelt auszulösen, um mit negativen Mitteln doch in den Mittelpunkt zu kommen) – u.a.

*Anlaß zur Dekompensation: Verlust des Image, auch außerhalb des Elternhauses der Einmalige zu sein*
Ähnlich wie Alexander – statt der erwarteten Prinzenrolle bei der Lehrerin und anstatt Tonangeber bei Mitschülern zu sein, erfährt er die Demütigung durch alle – geht es vielen anderen Kindern vom Kindergarten bis zum Gymnasium. Der fünfjährige Johannes konnte sich bei den Kameraden mit seinen Spielideen, die aus kurzen und aggressiven Handlungsschemata bestanden – wie »Händehoch« oder »Schießen« – nicht durchsetzen. Bernd war bis zur dritten Klasse trotz seiner Lernprobleme das Lieblingskind der Lehrerin, und erst nach einem Lehrerwechsel erlebte er die Konfrontation mit der harten Realität in Form von Sich-anpassen-Müssen. Der Adoptivsohn Heiko verlor schmerzlich sein Image als Kautionsjäger. Für den ebenfalls adoptierten Sebastian brach die Welt zusammen, als er – auf dem Gymnasium – zum ersten Mal in Englisch keine Eins, sondern nur eine Note Zwei schaffte.
*Reaktionen:* Aggressionen und Amoklauf gegen Lehrer und Mitschüler – Abweisen der eigenen Schuld und Schuldzuweisung anderen gegenüber – Gleichaltrige werden nicht zu Freunden, sondern zum feindlichen Rivalen gemacht (Johannes zieht sich für Monate in die Rolle eines Zauberers zurück, der alle Probleme löst und die Feinde tötet) – u.a.

*Anlaß zur Dekompensation: Erkennen der eigenen Teilleistungsschwäche*
Intelligente Kinder, eindeutige Stars stellen plötzlich und für sie unerwartet fest, daß sie kleine Teilleistungsstörungen haben wie Legasthenie, Stottern, Ungeschicklichkeiten in der Grobmotorik beim Fußball oder Skifahren. Sie hätten eine Chance, wenn sie sich jetzt erst recht anstrengen und mehr üben würden. Es fällt schon dem verwöhnten Kind schwer, sich außerordentlichen Schwierigkeiten anzupassen, aber für den Herrschsüchtigen steht die Anpassung außer Diskussion. Seine Verweigerung ist zwanghaft, weicht von der Realität ab und ist selbstvernichtend. Das Zulassen eines Gefühls der Hilfsbedürftigkeit bedeutet das unerträgliche Gefühl

des Machtverlustes und des einem fremden Willen Ausgeliefertseins. Die Tragik dieses Kindes ist nicht die Teilleistungsschwäche, sondern die Persönlichkeitsstörung.
*Reaktionen:* Verweigerung der unterstützenden Hilfen – Depressionen – Clownereien – psychosomatische Beschwerden – u.a.

Die Enttäuschung der Eltern über das Kind und über sich selbst entsteht oft erst, wenn die Dekompensation des Kindes offensichtlich wird. Bis dahin haben die Eltern versucht, die Verhaltensauffälligkeiten als eine vorübergehende Ungereimtheit zu vertuschen, zu regulieren, das Kind zu verteidigen. Erst die Unerträglichkeit der Verhaltensstörungen macht die aus den Fugen geratene Entwicklung deutlich. Die Eltern spüren, daß ihre erzieherischen Ziele und ihre ichbezogenen Erwartungen ins Gegenteil umschlagen. Wegen der Diskrepanzen im erzieherischen Handeln und wegen der Schuldfrage geraten sie oft in Streitigkeiten. Anstelle eines fröhlichen und unbeschwerten Kindes haben sie jetzt einen Störenfried. Statt der erträumten Freiheit für sich und ihre Kinder sehen sie sich jetzt gefangener als je in ihren eigenen Elternhäusern. »Ich kann nicht mehr, komme überhaupt nicht zur Ruhe. Wo bleiben meine Bedürfnisse? Muß ich mich von dem grausamen Kind total ausnehmen lassen? Von wem hat das Kind das bloß geerbt? Wenn es mich an den Haaren zerrt und schlägt, würde ich ihm am liebsten eine knallen, es gegen die Wand werfen. Und wenn mein Mann die Schuld für die Verhaltensstörungen unseres Kindes mir in die Schuhe schiebt, würde ich es am liebsten am Arm packen und mit ihm aus dem Fenster hinausspringen ... Warum habe ich bloß geheiratet ...«, so hörte ich eine betroffene Mutter klagen. Ihrem Mann ging es aber nicht besser: »Meine Frau gehört mir nicht mehr. Sie läßt sich wie eine Marionette in den Händen unseres Sohnes bewegen. Wenn ich von der Arbeit nach Hause komme, hat sie für mich keine Zeit. Sie ist total von dem Kind in Beschlag genommen. Wenn ich etwas dagegen sage, meint sie, ich sei eifersüchtig. Schreit sie mich hysterisch an, komme ich mir wie ein begossener Pudel vor. Dann resigniere ich, nehme meine Trompete und ziehe mich in den Keller zurück. Ob es nicht besser wäre, ganz wegzugehen oder auf den Tisch zu hauen?« So fühlen viele Eltern: »Immer negativer wird dieser Monolog ... Ärger auf das Kind schleicht sich ein, Zorn, vielleicht sogar eine Prise Haß. Höchst aggressive Gefühle drängen ins Freie. Jetzt fehlt nur noch ein winziger auslösender Funke, dann knallt's. Vergebliche Liebesmüh wirkt offenbar besonders ätzend auf die Schleimhäute unserer Seele ...«.[35]

Eine immer mehr sich verschärfende *Ambivalenz zwischen Liebe und Haß* zerrt an der Selbstliebe jedes einzelnen, am Verhältnis zwischen den Ehepartnern und an der Beziehung zwischen dem Kind und seinen Eltern. Ein affektives Labyrinth voller Sackgassen, Engpässe und unberechenbaren Fallen, in dem es zu ersticken droht. Ein Ausweg wäre nur mit einem Kraftakt möglich. Zur Mißhandlung des Kindes fehlt nur ein kleiner Schritt. Und dieser Schritt wird getan, wenn der Ärger und die Angst zu groß sind und die Selbstbeherrschung unter dem unerträglichen Streß versagt. Aus Angst vor dem Anstau solcher Aggressionen ziehen sich die Eltern zurück. Indem sie aber den Ausdruck ihrer tiefen Gefühle hemmen, wird neben der Wut auch die Liebe am Fluß gehindert. So wird weder Feuer noch Wasser erfahren und weder Nein noch Ja geäußert. Aus lauter Angst vor dem Ausrutschen in starke Affekte mündet der erzieherische Umgangston in konventionelle Gleichmäßigkeit. Mit einem unheimlich freundlichen Lächeln mahnt die Mutter den Störenfried: »Bitte, Schatz, schrei mich doch nicht an, wenn ich telefoniere.«

Weil ihm keine Grenzen im Fühlen angeboten werden, sondern nur Andeutungen und Halbwahrheiten, kann das Kind die Eltern auch nicht spüren. Es empfindet diese wie eine weiche Masse, die man irgendwie hart anpacken muß, damit sie eine festere Form bekommt. Also attackiert es die Eltern, um deren Festigkeit herauszufordern. Immer wieder gelingt es ihm, einen offenen Protest gegen sich heraufzubeschwören. Somit treibt sich das Kind jedoch in seine eigene Ambivalenz zwischen seinem natürlichen kindlichen Wunsch nach elterlicher Stärke und seiner Abhängigkeit von der eigenen Macht. Denn der kleine Tyrann kann sich nicht fallen las-

sen, sondern glaubt, sich gegen eine Palastrevolution wehren zu müssen. Und so wird ein Machtkampf entzündet, der die ganze Lage noch unerträglicher macht.
Es beginnt der schwere Weg zu Psychologen, Psychiatern, Heilpraktikern, Erziehungs- und Eheberatungsstellen. Das bis dahin absolut bestätigte Kind fühlt sich von den Eltern in Frage gestellt und entthront. Die vielen Untersuchungen, Tests und das Rätseln über seine Störungen zerren an den letzten Kräften seines Sicherheitssystems. Somit ist für das Kind die Voraussetzung geschaffen, seine Machtausübung zu steigern, um der Verunsicherung entgegenzuwirken. Das ist ein Teufelskreis, der ohne fundamentale Hilfe nie aufhört.

# Gedanken zur Differential-Diagnose

Dieses Kapitel ist vor allem für Fachleute gedacht. Im wesentlichen halte ich mich an das DSM III (Diagnostisches und Statistisches Manual Psychischer Störungen).

Die Herrschsucht ist wegen ihrer Langwierigkeit – sie setzt schon im Kleinkindalter ein – und wegen des breiten Spektrums, in dem sie die ganze Persönlichkeit befällt, als eine *Persönlichkeitsstörung* zu klassifizieren. Sie ist *nicht primär eine neurotische Störung*, denn die im DSM III aufgestellten Hauptmerkmale für eine neurotische Störung – »die hervorstechende Beeinträchtigung, die den Betroffenen quält und von ihm als nicht-akzeptierbar und fremdartig empfunden wird« und »die im großen und ganzen intakte Realitätskontrolle« – treffen bei den Herrschsüchtigen nicht zu.
Die Beeinträchtigung entstand noch bevor sich die realitätskontrollierende Ich-Identität entwickeln konnte. Deshalb wird sie auch nicht als Mangel, sondern eher als Kern der eigenen Person begriffen.
Solange die Kognitionen von der Sensomotorik noch abhängiger sind als von der bewußt geistigen Verarbeitung – inbegriffen die »schematisierende Stufe« – und je entfernter das Bewußtsein der Ich-Identität ist, um so mehr wird eine psychotische Entwicklungsstörung wie Autismus, symbiotisch-psychotisches Syndrom nach Mahler u.a. begünstigt. Erst das Bewußtsein der Ich-Identität macht die Realitätskontrolle und die komplexen Kognitionen möglich wie das Empfinden von Trauer über Verlust, über eigene Minderwertigkeit usw. Erst dann kann sich ein neurotischer Prozeß entwickeln.
Die Herrschsucht bewegt sich in diesem Gefälle von Gefahren der Psychotisierung, Blockierung der sensomotorischen Entwicklung, Verzögerung der Ich-Identität und des intentionalen Denkens vom Es-Stadium bis hin zum Ich-Stadium, in dem die Neurotisierung als

Folge der Dekompensation (bei Machtverlust) droht. Aus diesen Überlegungen heraus wäre die Neurose als Folge der Herrschsucht anzusehen und nicht umgekehrt.
Nicht allein dieses Gefälle innerhalb einer Persönlichkeitsorganisation, sondern auch angeborene Anlagen wie Temperament, Begabung, Sensibilität und dergleichen sowie die Umwelteinflüsse machen das Störungsbild der Herrschsucht durchsichtig oder erinnern uns neben den Neurosen an andere Störungen wie symbiotisch-psychotisches Syndrom, Borderline-Persönlichkeitsstörung, zwanghafte Persönlichkeitsstörung u.a.
Die *Borderline-Persönlichkeitsstörung* hebt sich von der Herrschsucht durch eine Instabilität vieler Verhaltensweisen ab, aber auch durch eine Instabilität des Selbstbildes, die sich in tiefgehender Identitätsstörung manifestieren kann. Der Herrschsüchtige dagegen erhält sein selbstgefälliges Selbstbild selbst dann noch, wenn er die Macht verliert. Nicht er, sondern die anderen waren schlecht und schuldig. Seine eventuell auftretende Identitätsstörung ist leichter korrigierbar.
Im Unterschied zum *symbiotisch-psychotischen Syndrom* leidet der Herrschsüchtige nicht unter einem extremen Anklammerungs- und Wegstoßverhalten. Es drängt ihn kaum oder auch gar nicht zur Verschmelzung. Seine in der Phantasie bestehende Omnipotenz ist nicht ungezügelt, er kann sehr wohl Belebtes von Unbelebtem unterscheiden und ist nicht so ausschließlich von der Gleichförmigkeit abhängig. Beim symbiotisch-psychotischen Syndrom handelt es sich eher um ein autokratisches Beherrschen der Mutter, während der Herrschsüchtige über mehrere herrscht.
Mit der *zwanghaften Persönlichkeit* hat der Herrschsüchtige vieles gemeinsam, zum Beispiel die eingeschränkte Fähigkeit, Gefühle ausdrücken zu können und das hartnäckige Bestehen auf die Anpassung der anderen. Die Zwänge beziehen sich nicht auf eine Leistungsperfektion, auf eine Pflege von Konventionen oder auf andere Objekte, sondern einzig und allein auf das Herrschen.
Die Herrschsucht gleicht am ehesten dem *Narzißmus*, der sich durch das übermäßige Selbstwertgefühl, das Gefühl, einmalig zu sein, die

Phantasie vom grenzenlosen Erfolg und von Macht, durch das Verlangen nach Aufmerksamkeit sowie durch kalte Gleichgültigkeit anderen gegenüber auszeichnet. Der Narzißt muß die anderen nicht unbedingt beherrschen. Es genügt ihm, bewundert zu werden, dafür würde er sich unter Umständen sogar anpassen.
Auch ätiologisch scheint sich der Narzißmus von der Herrschsucht zu unterscheiden. Mit Winnicott übereinstimmend meint Mitscherlich[36], daß Allmachtsphantasien narzißtischer Natur nur dann möglich sind, wenn die Eltern nicht immer die Wünsche erfüllt haben, denn bei fast perfekter Trieberfüllung entsteht kein Druck des narzißtischen Erlebens. Die Herrschsucht dagegen entstand dadurch, daß das Kleinkind wegen des geringen Widerstandes von seiten der Eltern die Überlegenheit empfinden konnte. Das Hauptunterscheidungsmerkmal ist die suchtartige Abhängigkeit vom Herrschen.
Auf jeden Fall sind alle die genannten Störungen nicht leicht voneinander zu unterscheiden, da eine Störung bei bestimmten Persönlichkeiten mit der anderen einhergeht. Der Narzißmus ist bei all diesen Störungen vertreten. Das gleichzeitige Auftreten von mehreren Störungen bedingt auch das Aufzeichnen von mehreren Diagnosen.
Vorsicht ist geboten bei der Diagnose von Hyperaktivität, Hyperkinese, Mutismus, Essensverweigerung u.a., da es sich hier um Nebenerscheinungen oder Folgen einer Dekompensation im Rahmen der Herrschsucht handeln könnte.

### *Zusammenfassung der diagnostischen Kategorien*

Erst nach statistisch gesicherten Forschungsergebnissen könnten die Angaben präzise gewichtet und geordnet werden. Ich bitte den Leser, diese Informationen lediglich als eine kleine Fundgrube für weitere Forschungen zu betrachten.

*Diagnostische Kriterien*

Dauerhafte Abwehr gegen die Anpassung und Anforderung von außen;
zwanghaftes, kompromißloses, rechthaberisches Bestehen auf Selbstbestimmung und Machtausübung über andere;
übertriebenes Selbstwertgefühl und Gefühl der Einmaligkeit;
Fehlen der Sensibilität anderen gegenüber, Rücksichtslosigkeit;
Unruhe, bedingt durch ständiges Sichern der Macht, gereiztes Reagieren auf Aufforderungen, niedrige Frustrationstoleranz;
Nicht-verlieren-Können, extrem aggressives Reagieren auf Mißerfolge durch Wut, Schuldzuweisung auf andere, Aggression, Ignorieren u.a.;
Merkmale eines pathologischen Prozesses, von denen mindestens zwei vorhanden sein müssen:
1. Fehlen der Fremdelphase
2. Fehlen der Trotzphase (oder »die dauert bis heute ...«)
3. Verzögerung des Bewußtseins einer Ich-Identität – auch in der Sprache bemerkbar durch fehlende Ich-Form und grammatikalische Syntax
4. keine Abhängigkeit von herkömmlichen oralen Ersatzbefriedigungen, mit Ausnahme zum Beispiel des Schnullers vor dem Einschlafen und von Ersatzobjekten (nach Winnicott).

*Nebenmerkmale*

Distanzlosigkeit; zwanghaftes Bestehen auf selbst aufgestellten Regeln (Sammeln, Ordnen, Rituale); Herrschsucht beschränkt auf bestimmte »Territorien«; deutliche Einschränkung einer langanhaltenden, verantwortungsvollen und warmen Beziehung zur Familie und zu Freunden; die Sprache als Mittel zur Beherrschung des Gegenübers in Form von Ausfragen, Zu-bestimmten-Antworten-Zwingen usw.; Bevorzugen von Spielen und Denkinhalten mit vorhersehbaren Schemata.

*Behinderungen*

Behinderungen können ein Anlaß sein, die Herrschsucht auszulösen, weil sich die Eltern dem Kind anpassen. Es kann auch eine scheinbar geistige Behinderung im Sinne von Blockierung oder Rückbildung eintreten, wenn das Lernen verweigert wird bzw. aus dem gleichen Grund eine tatsächliche Behinderung eintritt.

*Komplikationen*

Bei einem Entzug der Macht drohen Krisen auszubrechen, die in Aggressionen, depressive Neurosen (auch Mutismus), kurze reaktive Psychosen, Zwangsneurosen und dergleichen einmünden können.

*Besonders begünstigender Umstand*

Bedingungen der technokratischen Gesellschaft.

*Weitere prädisponierende Faktoren*

Mögliche Störungen des Grundbedürfnisses nach Bindung können unmittelbar nach der Geburt auftreten.
Die Eltern meiden oft auf Grund eines eigenen Nachholbedürfnisses nach Liebe bewußt eine distanzierte Kinderbetreuung und versuchen, das Kind nach alten Traditionen zu tragen und zu stillen. Dies birgt jedoch die Gefahr in sich, daß in den heutigen Verhältnissen einer Kleinfamilie, des technischen Komforts und des Konsumüberangebotes die Anpassung der Eltern an das Kind geschieht und nicht, in einer ausgeglichenen Gegenseitigkeit, auch die des Kindes an die Eltern.
Kleinfamilie, Wohlstand, eine nicht berufstätige Mutter, die Sonderposition des Kindes (Einzelkind, Erstgeborenes, Nesthäkchen, einziger Sohn, Adoptivkind, behindertes, krankes oder sinnesgeschädigtes Kind), begünstigen die Entstehung der Herrschsucht.

*Geschlechtsverteilung*

Wesentlich mehr Jungen als Mädchen sind von der Herrschsucht betroffen, nach grober statistischer Orientierung ist das Verhältnis etwa 5:1.

*Alter bei Beginn der Herrschsucht*

Von etwa sieben bis vierundzwanzig Monate, das heißt in der Entwicklungsstufe zwischen den Ansätzen zum zielgerichteten Handeln nach vorhersehbaren Schemata und dem Erreichen des Bewußtseins einer Ich-Identität. Bei geistig behinderten Kindern verzögern sich die Ansätze zu dieser Stufe, und das Bewußtsein für eine Ich-Identität entwickelt sich häufig erst gar nicht.

# Was tun?

## *Empfehlungen für eine vorbeugende Kinderbetreuung*

Gehen wir von folgender Überlegung aus: Die Lebensbedingungen in dem fortgeschrittenen industriellen Gesellschaftssystem, in die der Mensch heute hineingeboren wird, und der Zeitgeist, mit dem er sich auseinandersetzen muß, stellen immer größere Ansprüche an seine Belastbarkeit. Eigentlich müßte der Mensch innerlich sicherer und gefestigter werden, um nicht zugrunde zu gehen. Dieser Anspruch erscheint uns unabdingbar. Tragischerweise aber kehrt er sich derzeit häufig geradezu ins Gegenteil um: Nie war der Mensch so unsicher und so unwissend in bezug auf Werte wie Gut und Böse. Da sich diese Unsicherheit am deutlichsten in der Pflege um die Entwicklung der Kinder (nennen wir es »Kinderbetreuung« oder »Erziehung«) widerspiegelt, müssen wir hier beginnen. Vor allem sind die Schöpfungsbedingungen, die für unser Leben auf dieser Erde gelten, ins Bewußtsein zu heben. Damit die Erziehungskonzepte realisierbar sind, müssen sich die Eltern dem Kind als Eltern darstellen und dem Kind seine Kindlichkeit gestatten. Dazu gehören das Wissen und das Einhalten der Ordnungen in der Familie. Vordergründig ist dafür zu sorgen, daß das Kind seine Eltern ehrt, so daß ihr Vorbild zur Basis seiner Lebensbedingungen wird. Erst auf dieser Grundlage kann es die Verwirklichung seines eigenen Selbst anstreben.

Zu dieser Verwurzelung gehört eindeutig die Bereitschaft zur Anpassung und zur Durchsetzung. Das Eine geht ohne des Anderen nicht. Diese mächtigen biologischen Gegebenheiten sind eine unabdingbare Voraussetzung für die Kompetenz, auf Lebensbedingungen verändernd zurückzuwirken, an die zunächst eine Adaptation erfolgte. Das Gegenteil jedoch scheint zu drohen: Wir haben uns den instinktiven Botschaften entfremdet, indem wir die Bedingungen des technokratischen Kulturkreises höher gestellt haben als unsere Gefühle. Somit sägen wir an den Wurzeln des menschlichen Schicksals. Nicht nur die Bäume gehen zugrunde. Auch der Mensch leidet unter der »Verschmutzung« der geistigen Umwelt.

Die Rückkehr zu instinktgebundenen Formen der Kinderbetreuung ist daher völlig berechtigt. Es wäre der gröbste Fehler, von der sanften Welle wieder zu einer distanzierten und lieblosen Form der Kinderbetreuung zurückzukehren. Aber wir können die alten Traditionen, die im Tragen des Kindes beruhen, mit deren Einbettung in den einstigen Lebensstil nicht ohne weiteres auf die derzeitigen Bedingungen einer Kleinfamilie in der technokratischen Gesellschaft übertragen. Ebenso können wir uns auf unser seit Generationen verschüttetes instinktives Empfinden nicht mehr verlassen. Wir müssen von anderen Orientierungshilfen Gebrauch machen, um den verheerenden Auswirkungen auf die seelische Gesundheit der Kinder vorzubeugen. Verstärkt können wir Mittel benutzen, an denen die technokratische Gesellschaft reich ist: die wissenschaftliche Forschung im Bereich der Psychohygiene und deren Informationsvermittlung an die Eltern.

Es ist notwendig, werdende Eltern oder bereits Schüler der höheren Klassen sowie auch Studenten der Medizin, der Psychologie und der Pädagogik, zukünftige Hebammen und Kinderkrankenschwestern über die Persönlichkeitsbedürfnisse eines Kleinkindes aufzuklären. Es muß als trauriges Zeugnis unserer Gefühlsarmut angesehen werden, daß diese werdenden Fachleute viel mehr vom Gebrauch der Technik erfahren als von den Gefühlen des Kindes, das ihnen einmal mitsamt seiner verletzbaren Seele ausgeliefert wird und dessen Zukunft sie mitprägen.

Zu den Inhalten der Aufklärung gehört die Information über die Wandlung der Grundbedürfnisse im Zuge der Entwicklungsstufen.

Zunächst ist für das *Urvertrauen* Sorge zu tragen, das das Fundament für den gesamten Aufbau der Persönlichkeit darstellt. Schon während der Schwangerschaft ist mit dem Kind der spür- und hör-

bare Dialog zu pflegen. Der sensibelste Lebensabschnitt ist die *Geburt und die Zeit unmittelbar danach.* Alle Formen der sanften Geburt und das rooming-in rund um die Uhr, das heißt also auch in der Nacht, sind richtig, weil sie dem Kleinkind die stete Kontinuität der vorhersehbaren Wahrnehmungen sichern. Nur auf diese Weise kann das Baby das symbiotische Mitschwingen mit der Mutter, den sanften Dialog mit ihr, unter dem es sich verstanden fühlt, erleben. *Im ersten Halbjahr kann man das Kind nicht genug »verwöhnen«.* Seine Bedürfnisse nach Trost und Nahrung sind sofort zu befriedigen. Die Mutter soll stillen bzw. die Flasche geben, wann das Kind es will und nicht nach irgendwelchen fremdaufgesetzten zeitlichen Regeln. Diese kann das Kind überhaupt noch nicht einordnen, weil es noch über keine Zeitvorstellung verfügt. Ebenso muß das Baby die stete Nähe der Mutter auch nachts spüren. Die Isolierung des Kleinkindes ins Kinderzimmer ist mit Risiko verbunden. Es wird auf alle Fälle mit nächtlichen Ängsten konfrontiert. Der Zeitraum, den die Mutter dazu braucht, um aufzuwachen und von Schlafzimmer ins Kinderzimmer zu gehen, kommt dem Baby wie eine Ewigkeit vor, die mit großer Angst angefüllt ist. Nicht jedes Kind ist belastbar genug, um solche Erfahrungen ohne schädliche Folgen auf sich nehmen zu können. Außerdem kann es dem Kind später gelingen, von seinem Kinderzimmer her die Mutter zu tyrannisieren. Das natürlichste ist, das Baby entweder im Bett der Eltern – so richtig im Nest – oder dicht daneben in der Wiege oder in der Hängematte schlafen zu lassen.
Eine weitere, besonders sensible Phase besteht *um den siebten Monat* herum (bei Behinderten verzögert sich der Ansatz zu dieser Stufe oft um Jahre). Hier entfalten sich die ersten Ansätze des vorausschauenden Denkens und des zielgerichteten Handelns. Nach wie vor sollte man das Bedürfnis nach der tröstenden Nähe sofort befriedigen. Problematischer wird es erst dann, wenn das Kind selbst entscheiden will. Die Empfehlung, daß man ab diesem Alter *zwar oft – aber nicht immer – die Wünsche des Kindes unmittelbar erfüllt,* falls das Kind sich bemüht, die Mutter zu bestimmen, löst bei den meisten Eltern eine Verunsicherung aus. Praktisch steht näm-

lich so gut wie nichts im Wege, um dem Kind die Wünsche zu erfüllen und es für den Augenblick zufrieden zu machen. Lediglich das Zukunftsdenken schlägt Alarm. Nur bewußte Vorbeugung einer Herrschsucht motiviert zu überlegteren Reaktionen gegenüber dem Kind. Leider können wir uns nicht erlauben, so spontan zu handeln wie die Eltern von primitiveren Kulturen, die aus Not heraus nicht anders als auf eine bestimmte – aber nicht ausschließlich von dem Baby bestimmte – Weise reagieren können.

Bei Beratungen der tagtäglichen Problemchen, aus denen dennoch einmal große Probleme werden können, wie »Was soll ich tun, wenn das Kind mich fünfmal, zehnmal pro Nacht ruft? ... wenn es nichts anderes als Fischstäbchen ißt? ... wenn es unbedingt vom Schoß herunter will? ... wenn es sich partout nicht an der Hand führen läßt?«, ist mir der *Vergleich zum Verhalten der Eltern von noch primitiveren Kulturkreisen eine der sichersten Orientierungen.*

Wie viele Zugeständnisse der Freiheit dem ein- bis zweijährigen Kind gegenüber hier gestattet werden? Jede Mutter von diesen Kulturkreisen wird das Kind in ihrem Bett an ihren Körper drücken, oder wenn es in ihrer unmittelbaren Nähe in der Wiege oder Hängematte weint, wird sie es wiegend trösten. Die Erinnerung an das vertraute vorgeburtliche Leben und die Vergewisserung der steten Verbundenheit zu spüren soll dem Kind mehr bedeuten als angeknipstes Licht, die Brust oder viel Reden. Dem Vorbild folgend empfehle ich, das Kind ins Bett zu nehmen. Man sollte es lieber gleich abends tun. Wenn das Kind nicht so weit ist, daß es die Nacht ohne Ängste durchstehen kann, sollen ihm die Entscheidungen über die Sicherheitsmaßnahmen nicht überlassen werden. Diese sollen die Eltern selber aufstellen und das Kind soll sich auf diese primäre, sicherheitsspendende Autorität verlassen.

Eine koreanische oder eine indische Mutter würde dem Kind kein anderes Essensangebot als Reis machen können. Also empfehle ich, lieber den Hunger zum besten Koch werden zu lassen und dem Kind keine Ersatzangebote für das verweigerte Essen zu machen. Kein gesundes Kind wird verhungern.

Denke ich an die Eltern in Grönland, die die Fortbewegungslust des Kindes am Körper haltend hemmen müssen, weil es ihm auf dem frostigen Boden kalt wäre, oder an peruanische Eltern, die das Kind vor dem dreckigen Boden, Ungeziefer, wütenden Gänsen und ähnlichem im Tragtuch schützen müssen, fällt mir die Empfehlung leicht, dem Kind keine volle Bewegungsfreiheit zu gestatten. Es soll *die Abgrenzung des geborgenen Nestes, den Halt und unter der gegenseitigen Anpassung den Zusammenhalt* mit den Eltern und Geschwistern spüren, selbst wenn es ihm unangenehm ist. Dann – nämlich wenn das Kind Halt spürt – wird sich zeigen, wie unnötig und unangemessen körperliche Strafen sind.
Wo anders soll das Kind den Umgang mit Widerständen und das Ertragen von Frustrationen lernen, wenn nicht bei seinen Eltern? Es ist richtig, wenn sie ihm aus dem Wohlstand nicht das Beste im Übermaß geben. Man denke daran, daß der Wohlstand für das Kind mal aufhören wird und daß es sich in seinem weiteren Leben mit sehr viel Frust und Widerständen auseinandersetzen müssen wird.
Auf der anderen Seite ist allerdings die Unternehmungs- und Durchsetzungskraft des Kindes zu fördern, indem es angeregt wird, sich auf vielfältige Weise mit einzelnen Gegenständen und Tätigkeiten auseinanderzusetzen. Hierbei zählt nicht die Quantität, sondern die Qualität der Erkundungen. Die Vielfalt der Erfahrungen an einem Korb mit Wäscheklammern zählt zum Beispiel viel mehr als eine Sammlung von Stofftieren, die eingereiht werden, ohne daß mit ihnen ein Spiel erfolgt.
Die aktive Beteiligung an der Tätigkeit der Größeren und deren Nachahmung hat eine große Bedeutung für die Lust des Kindes, selbst groß zu werden und sich loszulösen, ohne daß es die Achtung vor den Eltern verliert.
Um die Kräfte für neue Unternehmungen sammeln zu können, um *vom Ich zum Du* zu finden und *die eigene Identität* zu entfalten, muß *das stete Zurückkehren in das Nest*, die »secure base«, garantiert sein. Hier soll sich das Kind nicht nur Zuflucht und Trost, sondern auch Aufmunterung für seine neuen Auseinandersetzungen in der

Welt, für seine Verluste und Eroberungen holen. Hier darf es auch alle Enttäuschungen, Ängste und seinen Zorn herausschreien, sich ausweinen sowie seinen Trotz austoben. Diese gefühlsmäßigen Ausdrücke sind keinesfalls erzieherisch zu hemmen, schon gar nicht durch Bestrafung. Erst das Erleben dieser »negativen« Gefühle macht den Weg frei für ein bewußtes Erleben der Liebe.

Die *Trotzphase* ist für das Bewußtwerden der konträren Gefühle und der affektiven Äußerungen sowie der Grenzen bei sich selbst und bei den anderen von großer Bedeutung. »Kinder, die niemals trotzig waren, haben sich nicht normal entwickelt.«[37] Deshalb gebührt dem Umgang mit dem Trotz besondere Aufmerksamkeit. Es wäre für das erwachende Ich-Bewußtsein schädlich, den »heiligen Zorn« jedesmal durch Ablenkungen oder zärtliches Trösten zu hemmen, als handle es sich um ein Baby. Diese großartige Bereitschaft des zwei- bis dreijährigen Kindes, Widerstand zu erleben, und damit auch Grenzen sowie seine eigene Kraft, aber auch die seines Gegenübers, zu spüren, das heißt das Verhältnis zwischen ICH und DU, darf nicht bestraft werden. Das Kind muß die Gewißheit haben, daß es seinen Widerstand spüren darf. Dabei richten sich seine Widerstandskräfte einmal gegen Gegenstände, zum anderen gegen Mitmenschen. Wenn es sich um die Auseinandersetzung mit Gegenständen handelt, soll das Kind mit seinem Zorn möglichst alleine fertig werden. Es soll sich ihm aufgrund solcher Erfahrungen einprägen, daß es eine Krise aus eigenen Kräften durchstehen kann und daß es mit einer Frustration selber fertig werden kann. Ein Beispiel: Ein Kind hat eine mächtige Wut gegen eine Schiebetür, die es aus eigener Kraft nicht öffnen kann. Erst dann, wenn sich das Kind so sehr in seinen Zorn hineinsteigert, daß es selbst nicht wieder herausfindet (dies äußert sich zum Beispiel im autoaggressiven Schlagen mit dem Kopf gegen die Türscheibe), sollte man es in den Arm nehmen und besänftigen. Wenn sich der Zorn des Kindes aber gegen ein menschliches Gegenüber richtet, müßte es einen »Freibrief zur Konfrontation« bekommen, um den Beziehungskonflikt auszudrücken, auszutragen und auszusöhnen. So kann das Kind lernen, daß es seine

Gefühle nicht verdrängen, sondern steuern soll, und daß es seine Aggressivität nur in einem kultivierten Zustand zulassen darf. Kinder in den technisch weniger zivilisierten Kulturkreisen machen diese Erfahrung noch während sie im Tragetuch betreut werden. Durch das *Festhalten im Tragetuch* und den Körper der Bezugsperson wird das Kind daran gehindert, seine Beine und Fäuste zum Angreifen zu benutzen. Nur der Mund darf zum Ausdrücken der Aggression verwendet werden. Ebenso wird ihm nicht gestattet, mitten in einer noch nicht ausgesöhnten Beziehungskrise sein Gegenüber zu verlassen. (Diese Fluchtbereitschaft ist allen lebendigen Wesen, auch Wölfen, Haien und Tausendfüßlern gemeinsam, solange im Rahmen der affektiven Ambivalenz der Haß größer als die Annäherungsbereitschaft ist. Lediglich die Gattung der Traglinge, durch den Menschen repräsentiert, lernt auf die bereits beschriebene Weise die höchste Form der Liebe, das heißt die Liebe zum Feind.) Unter der extremen Konfrontation von »Galle zu Galle und von Herz zu Herz« lernt das Kind im Tragetuch, den Haß in bedingungslose Liebe zu verwandeln. So prägt sich bei dem Kind eine Bereitschaft ein, sich den zwischenmenschlichen Konflikten zu stellen und diese nur durch den Mund, zunächst schreiend, weinend und schimpfend, im späteren Alter jedoch zunehmend in einer immer reiferen Form, das heißt durch Reden, Streiten, Argumentieren und Kompromißschließungen in Frieden und Liebe umzuwandeln.
*Zu einem ganz natürlichen Umgang mit dem Festhalten*, so wie es sich Millionen Jahre in der Geschichte der Menschheit bewährte, leitete ich die Eltern des knapp zweijährigen Jens an, sobald er wieder begann, seinen Vater trotz aller Verbote an den Ohren zu ziehen und in den Bauch zu schlagen. »Lassen Sie sich nicht von Ihrem Kind schlagen«, sagte ich zum Vater. »Nehmen Sie es an den Armen, sagen Sie ihm ein entschiedenes Nein und daß es weh tut. Trauen Sie sich auch Ihren Ärger darüber zu äußern. Ganz eindeutig! Das Kind muß wahrnehmen, welche Gefühle Sie haben, damit es sich in Sie einfühlen kann. Geben Sie ihm aber die Chance, daß es seine Wut auf bestimmte Weise äußern kann.« Der Vater nahm

Jens wie ein Baby in den Arm: seine Beine hingen über den einen Arm, sein Kopf lag auf dem anderen. Die Hände des Kindes nahm er in die Mitte zwischen seinen und Jens' Brustkorb, die Augen halten Blickkontakt. Sofort fing Jens an, sich mit der ganzen Kraft gegen den Vater aufzubäumen und schrie wie am Spieß. Aber auch der Vater war nicht still. Er nahm Jens' Gesicht in die Hände und sagte ihm laut: »Schau mich an! Ich will nicht, daß du mich schlägst. Nein! Das darfst du nie. Ich bin dein Papa und du bist mein Kind. Schrei die Wut laut aus! Ganz laut, so laut du kannst.« Ich bestätigte den Vater, daß es gut ist, auf dem Blickkontakt nicht zu bestehen, sondern die affektive Auseinandersetzung mit der leiblich-seelischen Ganzheit zu spüren. Den Blickkontakt kann das Kind ja leicht verweigern (im Grunde ist es eine Flucht vor dem Konflikt) und der Vater wäre der Verlierer. Der Blickkontakt bekommt erst dann eine wichtige Bedeutung, wenn sich der Prozeß zur Aussöhnung wendet. Bis dahin ist es viel wirksamer, den Kopf des Kindes leicht zu schütteln oder ihn so zu halten, daß das Kind gar nichts sehen muß, sondern nur fühlend, hörend und riechend, hauptsächlich unter dem Einsatz seiner Widerstandskräfte, testen kann, ob es sich auf diese »Nestsituation« im »blinden Vertrauen« einlassen kann. Dieses Testen brauchte Jens noch lange. Als es dann still wurde und er entspannt zu sein schien, riet ich dem Vater, Jens lieber nicht einschlafen zu lassen, sondern mit einem Schmusespielchen zu prüfen, ob der Groll tatsächlich schon durchgestanden ist. Erst dann ist es nämlich möglich, ihn in Liebe umzuwandeln. Aber es war noch nicht so weit. Auf das sonst beliebte »Kommt ein Mäuschen in mein Häuschen ...« reagierte Jens mit einem neuen Schreianfall. Der Vater ging darauf ein: »So eine große Wut hast du! Schrei dich aus, ich halte dich solange fest, bis es dir besser geht.« Den nächsten Versöhnungsversuch beantwortete Jens mit strahlenden Augen. Er lachte glücklich und wollte die Schmusespielchen mit dem Vater noch lange fortsetzen. Für die Eltern war es kaum zu glauben. So gelöst hatten sie ihren Bub lange nicht erlebt! »Wie ein Regenbogen nach einem Gewitter«, meinte der Vater. Und er hatte recht. Den Prozeß des Festhaltens kann man tatsächlich mit zwei Wolken ver-

gleichen, die, geladen mit Elektrizität, nebeneinander in Spannung schweben. Erst wenn sie aufeinanderprallen, löst sich die Spannung und die Luft wird gereinigt.
Die Geschichte von Jens und seinem Vater soll nicht besagen, daß Mütter nicht über die gleiche Kompetenz zum Festhalten verfügen. Im Gegenteil: Die Mutter ist im Leben des Kindes die erste Bezugsperson, die es bereits im wahrsten Sinne des Wortes festgehalten hatte, in und auf ihrem Leib. Nach diesem Urzustand sehnt sich der Mensch das ganze Leben lang, wenn er in einer großen Krise steckt. Zunehmend aber, und besonders bei Söhnen, bekommt der beim Vater überzeugend erlebte Halt eine besondere Bedeutung. Die Erlebnisse des Festgehaltenwerdens eignen sich allerdings für jedes Alter, wenn die innere Krise bzw. die Beziehungskrise so groß ist, daß sie sich nicht in Worten äußern läßt. In solchen Lagen muß der Mensch seinen Schmerz vielmehr schreiend und weinend im Arme seines Nächsten ausdrücken können, anstatt sich mit dem Bildschirm oder der Flasche zu betäuben.
Je nach Körpergröße sollte das Festhalten unterschiedlich durchgeführt werden. So ist es für ein Kind ab etwa dem dritten Lebensjahr vorteilhaft, wenn es mit gespreizten Beinen auf dem Schoß der Mutter sitzt. Dabei sitzt die Mutter auf dem Boden, den Rücken an die Wand gelehnt, so daß sie das Festhalten lange durchhalten kann. Das Kind kann sich bei dieser Haltung mit seinen Fußsohlen gegen den Fußboden stemmen und so seine Widerstandskraft gut spüren. Je größer das Kind ist, um so vorteilhafter ist das Liegen. Grundsätzlich aber geht es jedesmal darum, daß der ganze Prozeß – vom Ärger bis zur Erneuerung der Liebe – nachvollzogen wird und das Kind die sich daraus ergebende wohltuende Überlegenheit der Eltern erfährt. Das Festhalten ist nicht mit Erziehung gleichzusetzen. Beim Festhalten geht es um die Herstellung einer emotionalen Beziehung zwischen *Mutter und Kind* und *Vater und Kind*, die Voraussetzung für eine tragfähige Basis für die Erziehung ist.
»Ich halte dich fest, damit du frei bist«, ist der tiefe Sinn des Festhaltens. Ich kenne keine bessere Art für ein Kind, seine negativen Gefühle gegen seine Eltern auszudrücken, ohne von den Eltern da-

für bestraft zu werden oder (und) sie verachten zu müssen. Die jahrelange praktische Erfahrung mit dem Festhalten zeigt, daß die »festgehaltenen« Kinder wesentlich willensstärker und sozialer sind als die anderen. Wen wundert's, haben diese Kinder doch gelernt, mit Widerständen umzugehen. Außerdem sind sie konfliktfähig geworden und wissen, wie man aus eigener Kraft die Liebe erneuert.

Um den Spannungsbogen von der totalen Abhängigkeit des Babys zur *Freiheit des sich loslösenden Ichs* ertragen zu können, muß das Kind allerdings noch mehr lernen als nur den Umgang mit Beziehungskonflikten. Die Eltern müssen ihrem Kind stufenweise auch Entscheidungsfreiheiten zugestehen, die seiner jeweiligen Belastbarkeit angemessen sind. Werden die Entscheidungsfreiheiten mit kleinen Pflichten und Gelegenheiten zur Übernahme der Verantwortung ausgewogen, wird das Kind dazu geführt, nicht nur seine eigenen Bedürfnisse, sondern auch die der anderen zu berücksichtigen; fühlt sich das Kind unter allen Umständen vorbehaltlos geliebt, verläuft die weitere Erziehung ohne ernste Engpässe. Zusammenfassend lassen sich die wichtigsten Grundsätze folgendermaßen ausdrücken:

Stets sollte man darauf achten, daß die Anpassung zwischen Eltern und Kind *nicht einseitig*, sondern *gegenseitig* geschieht und daß sich Anpassung und Bindung beim Kind allmählich in seine Loslösung und Durchsetzung umwandeln können. Wichtig ist, die Entwicklung des Kindes nicht als ein Gefühl im Hier und Jetzt, sondern als einen langfristigen Prozeß zu sehen, der sich über Generationen hinzieht. Was Hänschen nicht lernt, lernt Hans nimmermehr. Was für ein Hänschen war ich selber? Welche Schlüsselerfahrungen machte ich, die ich auf mein Kind übertrage? Und was wird aus meinem Hänschen werden, wenn er die unter meiner Erziehung erworbenen Einstellungen und Haltungen auch noch als Erwachsener behält?

## *Empfehlungen für die Therapie*

Die Sucht ist mit herkömmlichen psychotherapeutischen und erzieherischen Mitteln nur schwer anzugehen. Zweifellos ist ein konsequentes erzieherisches Heranführen zur realen Erkenntnis eigener Stärken und Schwächen, Kompetenzen, Pflichten und Achtung der Bedürfnisse anderer sowie Achtung allgemeiner Regeln eines zwischenmenschlichen Miteinanders anzustreben. Die Praxis zeigt, daß der Herrschsüchtige gegen derartige Interventionen »immun« zu sein scheint. Diese »Immunität« ist im Grunde das entscheidende Diagnostikum für die suchtartige Abhängigkeit von der Machtausübung einerseits und für die normale Ungezogenheit andererseits. Wenn ein sogenanntes ungezogenes Kind nach langer Zeit endlich zuverlässige Regeln angeboten bekommt, beruhigt es sich alsbald und ist im Lot, beim Herrschsüchtigen dagegen steigert sich seine Unruhe. Ihm droht ja ein *Entzug* mitsamt seinen grausamen Begleiterscheinungen. Dagegen wehrt sich der Betroffene, indem er sich mit verstärkter Aggression gegen die Anpassung an die ihn gefährdenden Regeln auflehnt oder er verfällt in eine Depression oder psychosomatische Beschwerden (Atemnöte, Verstopfung, Kopfschmerzen u.a.). Der Herrschsüchtige kann nur geheilt werden, wenn er seine allmächtige Machtausübung aufgibt, was sich in Anpassungsbereitschaft äußern würde. Er muß sich also mit den von außen aufgestellten Regeln konfrontieren.
Von daher scheitern bei herrschsüchtigen Kindern jene Psychotherapien, die sich auf die »kindzentrierte Pädagogik« (Neills antiautoritäre Erziehung, Alice Millers Ansichten und von Braunmühls Antipädagogik) stützen, wie zum Beispiel die non- direktive Spieltherapie nach Axline, die sonst bei Störungen, die mit Überanpassung und Hemmung einhergehen, durchaus wirksam sind.
Der therapeutische Prozeß müßte *an den Wurzeln der Störung* ansetzen. Versuchen wir, die Wurzeln der Entstehung einer Herrschsucht zu finden, so ergibt sich folgende Kette:
Hinter der zwanghaften Machtausübung steckt die *Angst vor Verlust der Macht*, in der die Angst vor Verlust der Sicherheit und

Geborgenheit verborgen ist. Letzten Endes ist es eine Angst vor Verlust der Liebe. Die basale Erfahrung des Kindes, die den krankhaften Prozeß ins Rollen brachte, war die Feststellung, *stärker als die Eltern* zu sein, stärker sein zu müssen, und sich bei ihnen nicht mehr geborgen fühlen zu können.
Selbst dann, wenn das Kind nicht herrschsüchtig wurde, sondern nur ungezogen, zahlt es für die elterliche Schwäche, die ihm keinen Halt bietet, indem es unruhig ist. Manche Eltern haben diese Schwäche aus Unwissenheit zugelassen und sie ohne jegliche therapeutische Begleitung auflösen können, sobald sie um die richtige Hilfe für ihr Kind wußten. Jene Eltern aber, die sich aus welchem Grund auch immer nicht trauen, sich dem Kind zu stellen, die Angst vor dem Festhalten des Kindes haben, die befürchten, es bei einer Konfrontation umzubringen, die sich nicht auf ein gemeinsames erzieherisches Vorgehen abstimmen können usw., brauchen unbedingt eine Therapie.

*Zunächst ein Blick auf das familiäre System*

Die Erfahrungen in der Therapie mit »kleinen Tyrannen«, die ich und die vielen mit mir verbundenen Festhaltetherapeuten zwischenzeitlich machen konnten, lehrten uns die sinnvolle Frage zu stellen: *Welche Verstrickung im familiären System machte die Mutter oder den Vater, oder auch einen anderen Ahnen, so schwach,* daß das Kind mit seiner Überstärke den Ausgleich machen muß? Obwohl die systemischen Störungen nicht immer ursächlich sind, sondern oftmals eher die Verwirrung, die bei der heutigen Kleinkindbetreuung herrscht, lohnt es sich für den Therapeuten, zunächst nach den Methoden der systemischen Familientherapie (B. Hellinger, V. Satir, H. Stierlin, G. Weber u.a.) den Überblick zu gewinnen. So kann er feststellen, *wer eigentlich mit wem im Konflikt ist* und um *welche Art von Konflikt* es sich handelt. Dadurch kann dann die Festhaltetherapie um so differenzierter einsetzen bzw. diese möglicherweise als ungeeignet erkannt und andere Therapien ausgewählt werden. Ein Beispiel dafür war Maxi. Nachdem aufgrund einer Aufstellung der Ursprungsfamilie erkannt wurde, daß Maxi von seiner Mutter mit ihrem sie einst mißbrauchenden Vater identifiziert wird, erschien zunächst eine Psychotherapie für die Mutter angezeigt, damit sie sich von ihrer inzestuösen Traumatisierung befreien und sich als erziehende Mutter stellen kann. In diesem Fall war die Festhaltetherapie eindeutig kontraindiziert.

Manchmal genügt es den Betroffenen auch, wenn sie die familiäre Verstrickung aufgezeigt bekommen, so daß die Beziehungen einmal anders als gewohnt angeschaut werden können. Die Versöhnung mit dem »schwarzen Schaf« ist eine häufige Folge – und sowohl Eltern wie auch Kind sind dann ohne jegliche andere therapeutische Intervention in der Lage, den mit dem neuen Licht beleuchteten Weg zu gehen. So war es im Falle von Kevin. Die Adoptiveltern waren sehr gerührt von der Treue des Kindes gegenüber seiner leiblichen Mutter. Sie begriffen, wie wichtig diese Ehrung für Kevin ist und konnten ihr Verhalten gleich verändern. Die Folge war, daß sich Kevin bei Familienfesten unauffällig verhielt, ohne daß er dafür belohnt werden mußte. Gerne hörte er sich aber immer wieder an: »Deine leibliche Mutter würde sich darüber freuen, wie schön dein Geburtstagsfest ist. Du kannst ihr das einmal erzählen und Fotos zeigen. Wir helfen dir, deine Mutter im Herzen zu behalten.« Der Konflikt, der das Kind zum tyrannischen Verhalten verleitete, war somit behoben. Kevin braucht seine leibliche Mutter nicht mehr zu rächen. Es erübrigt sich demzufolge eine auf die Bewältigung dieses Konflikts bezogene Festhaltetherapie. (Diese wäre allerdings in einem anderen Sinne angezeigt: Für Kevin wäre es hilfreich, den Schmerz der abgebrochenen Bindung zur leiblichen Mutter ausweinen zu können, um die neue Bindung knüpfen zu können.)

In vielen anderen Fällen ist es günstig, im Anschluß an die Aufstellung des familiären Systems die Festhaltetherapie einzusetzen, damit der wahrgenommene Schmerz ausgedrückt und Versöhnung gestiftet werden kann. Der umgekehrte Vorgang – nämlich zunächst die Festhaltetherapie und dann erst die Aufstellung des familiären Systems – ist umständlich, kann aber durchaus von großem diagno-

stischen Wert sein. Solange der Betroffene auf dem falschen Platz in seiner Familie steht, kann er unter dem äußerst intimen, konfrontativen Kontakt nicht sich selbst spüren, sondern er spürt für denjenigen, den er unbewußt vertritt. Dann aber hat der Therapeut die Chance zu erkennen, in welchen Verstrickungen der Patient gefangen ist. So war es auch bei Kevin vor seiner systemischen Sitzung: bei sämtlichen festhaltetherapeutischen Versuchen zog er sich schweigend in sich zurück und schaute an seinen Adoptiveltern vorbei. Er schwieg für seine sozusagen verschwiegene leibliche Mutter. Lucas, der Terminator, hat seine Mutter in ihrem festhaltenden Arm höhnisch ausgelacht. Nachvollziehbar, denn er tat es für seinen von ihr verhöhnten Vater.
Nun ein ausführliches Beispiel, dargestellt am Fall von Hubert, das die systemische Familientherapie und die an sie angeschlossene Festhaltetherapie verdeutlicht:
Die gesamte Familie, das heißt der Vater, die Mutter, die vierzehnjährige Martina und der neunjährige Hubert, nimmt an einer therapeutischen Gruppe teil. Alle Teilnehmer sitzen im Kreis. Die Instruktion der Therapeutin heißt: »Jeder stellt seine Familie auf, wählt dafür aber andere Menschen!« Hubert fängt an und stellt die Vertreter seiner Familie in der Mitte des Kreises auf. »Stell nun deine Menschen so zusammen oder auseinander, wie ihr verbunden seid! Wer ist wem am nächsten? Wer steht weiter weg?« lautet die Instruktion für Hubert. Und die Aufgestellten fordert die Therapeutin auf, sich in die Person, die sie vertreten, einzufühlen, zu ihrem Sprachrohr zu werden und dabei auf eigene urteilende Gedanken zu verzichten. Also kein: »Ja, so ging es mir in meiner Kindheit auch ...«, sondern einfach dastehen und fühlen. (Wenn keine Gruppe verfügbar ist, kann die Therapeutin auch Holzfiguren, Schuhe, Steine u.ä. nehmen. Der Nachteil dabei ist, daß diese Gegenstände keine Informationen über das Gefühl des Betroffenen äußern können.)
Hubert stellte seine Familie so auf:

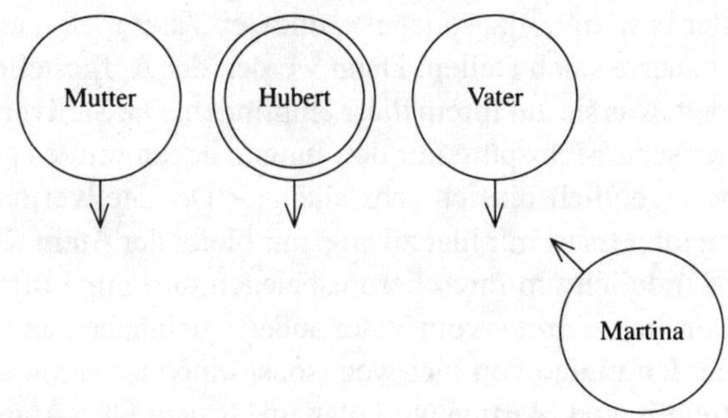


Martina wird aufgefordert, die Aufstellung nach ihrem Empfinden zu verändern. Sie stellt sich noch weiter weg.

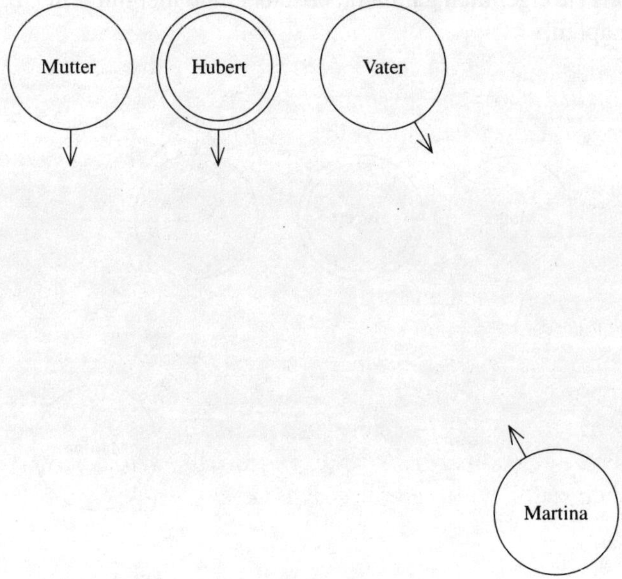

Die Mutter bestätigt, »ja, so ist es«, und der Vater meint, er würde Martina näher zu sich stellen. Dann werden die Aufgestellten einzeln gefragt, was sie auf ihrem Platz empfinden. Die Stellvertreterin der Mutter sagt: »Ich spüre nur den Jungen neben mir, es geht mir nicht gut, eigentlich bin ich sehr alleine.« Der Stellvertreter von Hubert meint: »Es ist mir hier zu eng, mir bleibt der Atem weg. Am liebsten würde ich um mich herumschlagen, um mir Luft zu machen!« Der Stellvertreter vom Vater äußert: »Ich habe ganz schwache Beine. Ich müßte von hier weg, sonst kippe ich um.« Und die Stellvertreterin von Martina wird blaß im Gesicht, ihre Augen werden feucht: »Eine große Traurigkeit überkommt mich. Ich möchte mich umdrehen und weggehen.« Der Therapeut versucht, den »Vater« in ihre Nähe zu bringen, aber »Martina« sagt: »Nein, es ist mir zu heiß, das geht nicht«, und auch der »Vater« will lieber zurück. Die Verstrickung wird beleuchtet: die Ehe ist ernsthaft gefährdet. Hubert steht zwischen den Eltern, er bringt sie auseinander, aber er spürt sie eigentlich gar nicht, er selber muß hier um sein Überleben kämpfen.

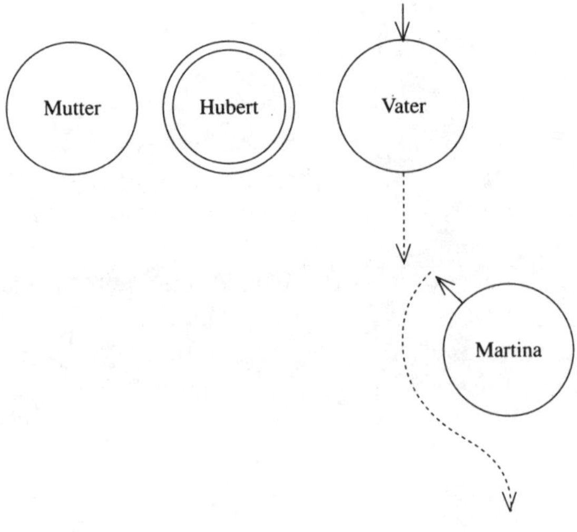

Der Vater möchte die Tochter schützen und ihr die Liebe der Mutter ersetzen, aber das kann Martina nicht annehmen. Die Gefahr des Inzestes ist zu groß. Sie verliert ihre ganze Familie und geht einer schweren Depression entgegen. – Dann sucht die Therapeutin die Lösung. Als der »Vater« die rechte Stelle bei seiner Frau bekommt, fühlen sich beide sehr wohl. »Hubert« spürt große Erleichterung. Aber noch besser geht es ihm, als »Martina« zwischen ihm und der Mutter steht, er seinen Vater in der Nähe hat und auch seine Schwester in seiner Nähe weiß. Auch »Martina« geht es plötzlich gut: sie hat ja die ihr zustehende Stelle des erstgeborenen Kindes bekommen.
So sieht das Bild der Lösung aus:

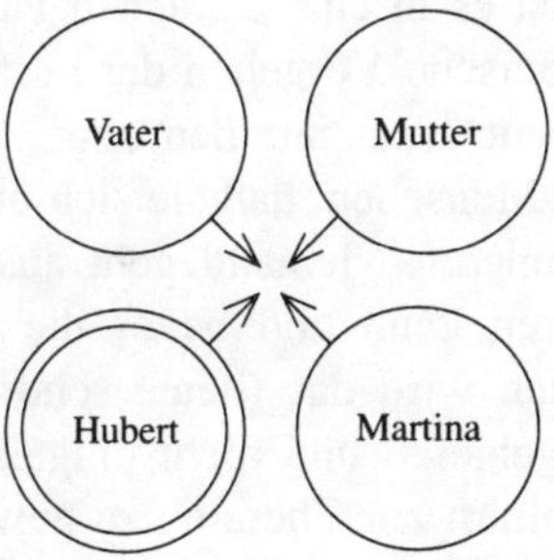


Danach fordert die Therarpeutin alle Mitglieder von Huberts Familie auf, die Plätze mit den Stellvertretern zu tauschen. Jeder für sich alleine spürt: »Ja, so wäre es schön.« Eine Hoffnung leuchtet auf. Und die Therapeutin bestätigt: »Ja, so wäre die Familie in Ordnung. Laßt das Bild in euren Herzen wirken.«
(Wenn die Kinder zu klein sind, um die Familie selber aufzustellen, oder wenn es sich um komplizierte Aufstellungen von Ursprungsfamilien oder um das Aufdecken von schweren Schicksalsschlägen wie Mißbrauch oder Mord handelt, wird nur mit den Erwachsenen gearbeitet.)

*Die Festhaltetherapie*

Wenn ermittelt wurde, zwischen welchen Familienmitgliedern die Konflikte bestehen, können diese in der Festhaltetherapie verarbeitet werden, denn die Beziehungskrise wird dann von beiden Seiten ausgedrückt, ausgetragen und ausgesöhnt.
Dabei sollte auf alle Fälle *chronologisch* vorgegangen werden. Vorrang haben immer die Konflikte mit der Ursprungsfamilie. Ein Beispiel: Wenn eine Mutter oder ein Vater noch immer unverarbeitete Gefühle ihrer eigenen Mutter oder ihrem Vater gegenüber hat und deshalb zum infantilen, nachgiebigen Verhalten neigt, wird versucht, *diese Oma oder den Opa zur Therapie* einzuladen. Selbstverständlich ist es in einem solchen Fall wichtig, über den Sinn und das methodische Vorgehen der Festhaltetherapie aufzuklären. Der Therapeut garantiert den alten, psychotherapeutisch meist unerfahrenen Menschen, daß sie sich auf das Einhalten der Ethik verlassen können. »Niemand geht aus dem Raum, bevor man sich nicht ehren kann und bevor die Liebe nicht wieder fließt.« Grundsätzlich wird das (heute schon erwachsene) Kind von seinen Eltern gehalten und nicht umgekehrt. Leider gelingt es selten, die Großeltern zur Therapie zu gewinnen. Um so mehr sind die zu würdigen, die teilnehmen.
Womöglich ist das Festhalten der Eltern zunächst notwendig, bevor das Kind selbst festgehalten wird. Dem Kind tut es gut, wenn es bei dieser Sitzung mit dabei ist. Es bekommt nämlich die Chance zu merken, daß es für das Problem seiner Eltern nicht verantwortlich ist und daß es auch deshalb keinen von den beiden vertreten muß. Erst nach ihrer Versöhnung sind die Eltern in der Lage, sich ihrem Kind als Eltern zu stellen. Auf diese Weise wurde bei Huberts Familie verfahren. Die Großeltern konnte man nicht mehr einladen, weil sie nicht mehr lebten. Aber die Eltern haben eine dramatische Sitzung auf sich genommen, die sie ohne therapeutische Unterstützung wohl nicht durchgehalten hätten. Sie hatten bereits seit zwei Jahren keinen intimen Kontakt mehr. Jeder quälte sich in seinem stillen Kämmerlein mit seinem Verlassen-

heitsschmerz. Nun passierte Bewegendes, als sich die Eltern festhielten. Die Tränen des Mannes flossen der Mutter ins Gesicht, sie sah sein Leid, und er hörte, wie sie ihn die ganze Zeit vermißte … Hubert und Martina saßen dabei. Ohne Angst, allerdings in größter Anspannung. Als sich ihre Eltern zärtlich umarmen konnten, ergriff sie große Freude.

Das betroffene Kind – und eventuell auch seine Geschwister – kommt zuletzt an die Reihe. Je älter das Kind ist, um so mehr muß es über das therapeutische Vorgehen aufgeklärt werden, damit es sich frei dafür oder dagegen entscheiden kann. Das ältere Kind muß sich nämlich während der Konfrontation auf der Matte auch einer bestimmten Selbstkontrolle unterziehen. Denn es muß wissen, daß es seinen Ärger nicht mit Schlägen oder Tritten, sondern nur mit Worten ausdrücken kann. »Du bist körperlich sicher schon stärker als deine Mama. Sie ist dir aber aufgrund ihrer Lebenserfahrung überlegen. Aber hier geht es nicht um das Messen der Kräfte, sondern um die Äußerung all eurer Gefühle. Die Wut und die Traurigkeit muß heraus, damit eure Liebe von neuem beginnen kann«, so etwa lautet die Anweisung, die gegeben wird. Martina wurde von ihrer Mutter festgehalten, damit sie als ihr geliebtes erstgeborenes Kind wieder zu ihr zurückfindet. Gleichzeitig wurde Hubert von seinem Vater festgehalten, um sich von seiner beschützenden, nachahmungswürdigen Stärke zu überzeugen und seinen festen, jedoch sanften Halt zu spüren. Bei der nächsten Sitzung wurde dann Hubert von seiner Mutter festgehalten. Auf das Festhalten der vierzehnjährigen Martina und ihrem Vater wurde wegen der möglichen Inzestgefahr verzichtet.

*Wichtige Hinweise für den begleitenden Therapeuten:*

- Grundsätzlich sind es die Eltern, die festhalten sollen, nicht der Therapeut selber. Der Therapeut leitet die Eltern an und steht ihnen bei.
- Der Prozeß bei der Festhaltetherapie verläuft nicht anders als beim Festhalten als Lebensform, wie auf Seite 161 beschrieben.

Weil er aber nicht innerhalb einer gesunden, lediglich akut gekränkten Beziehung, sondern bei einer verfestigten Störung stattfindet, braucht er eine kompetente therapeutische Anleitung und Begleitung. Womöglich ist ein Therapeut aufzusuchen, der vom Lehrinstitut der »Gesellschaft zur Förderung des Festhaltens als Lebensform und Therapie e.V.« anerkannt ist.* Der Therapeut ist auch bei der systemischen Familienaufstellung anwesend oder leitet sie, und begleitet den ganzen Verlauf der einzelnen Festhaltesitzungen. Darüber hinaus begleitet er die Familie noch solange, bis sie wieder im Lot ist bzw. vermittelt noch weitere Therapien, wenn diese notwendig sind.

• Ist ein Kind seiner Herrschsucht bereits ausgeliefert, besteht das Pathologische in seiner suchtartigen Abhängigkeit von der Macht und im Entzug mit seinen sämtlichen dramatischen Begleiterscheinungen (Schwitzen, Schreien, seelischen Schmerz u.a.), denen das Kind beim Festhalten ausgesetzt ist. Ferner ist mindestens ein Elternteil in einer andauernden affektiven Ambivalenz gefangen und dadurch gehemmt, an sein Kind eindeutige Botschaften zu senden. Der Therapeut übernimmt die Aufgabe, dem Kind den Entzug zuzumuten und ihn mit ihm durchzustehen sowie die affektive Blokkade bei den Eltern aufzulösen. Dabei hat er es mit starken Abwehrreaktionen bei den Betroffenen zu tun. Sie äußern sich häufig in heftigen Fluchttendenzen von seiten des Kindes, aber auch der Eltern. Stets muß der Therapeut aufpassen, ob jeder noch für sich selbst agiert oder ob einer in einem unbewußt übernommenen systemischen Auftrag für jemanden anderen handelt (so äußert beispielsweise oft der Sohn die nicht ausgedrückten Affekte seines Vaters). Je gekonnter er die Betroffenen zum eindeutigen Gefühlsausdruck bewegt und je freier die Betroffenen sich dies auch trauen, um so schneller verläuft der Prozeß vom konfrontativen Zusammenstoß zum Fließen der Liebe (bei der ersten Sitzung, die meist die längste ist, kann dies ein bis zwei Stunden dauern). Hält die affektive Am-

* Die Adresse finden Sie auf Seite 188.

bivalenz an, ist der Prozeß ungenießbar und dauert allzu lange. Dies ist nicht ratsam.

• Das therapeutische Begleiten benötigt Flexibilität. Die Prozesse verlaufen nämlich recht unterschiedlich, da ja auch die Betroffenen und deren familiäre Konstellationen und Schicksale verschieden sind. Bei allen in diesem Buch beschriebenen Kindern, außer bei Maxi, der wegen der schweren seelischen Störung seiner Mutter eine Ausnahme darstellt, hat das Festhalten eine grundlegende Wende bewirkt und dennoch verlief das Festhalten in jedem Fall anders. Für *Luisa* war es wegen ihrer autistischen und autokratischen Neigungen zwei Jahre lang fast täglich notwendig. Der adoptierte zwölfjährige *Sebastian* benötigte ein einmaliges Festhalten als Schlüsselerfahrung. Ich sagte Sebastian bei dem Aufklärungsgespräch über das Festhalten, daß mich mein Mann auch einmal festgehalten hat, als ich ungenießbar nervös war und mich und die anderen nicht mochte. Er fand es toll und bat gleich die Mutter, ihn auch festzuhalten. Nach fünf Minuten wollte er die Nähe zur Mutter nicht mehr. Als die Mutter aber die Verlängerung ankündigte, ging ein zwei Stunden dauernder Kampf los. Er wehrte sich mit Bärenkräften, bezichtigte die Mutter der Menschenrechtsverletzung, wollte wissen, wo der nächste Gerichtshof sei, und machte dann der Mutter Vorwürfe, ihn weniger als den zweiten Adoptivsohn zu lieben. Plötzlich – als wenn er nach mühsamem Bergaufstieg still und glücklich das Erreichen des Gipfels genießen könne, als wenn die Stunde der Wahrheit geschlagen habe – umarmte er die Mutter mit Tränen in strahlenden Augen und versuchte mit uns darüber zu reden, warum sich Menschen festhalten und dabei die Liebe gedeiht. Der »Kautionsjäger« *Heiko* wehrte sich beim Festhalten nicht gegen die Mutter. Aber er nützte diese Chance, um aus der Talsohle seiner Ängste herauszukommen, um seine Eifersucht gegen die Stärkeren auszusprechen, seinen Kummer auszuweinen, endlich einmal zu seinen Schwächen stehen zu können und hauptsächlich die Bindung an die Adoptivmutter nachzuholen, die er bis dahin nicht wahrnehmen konnte. Bei *Martina* dauerte die Konfrontation mit ihrer Trauer und ihrer Eifersucht nur etwa eine halbe Stunde, sie verlangte aber noch weitere drei Stunden nach der festen Umarmung, als wäre sie noch nicht gesättigt. Dicht am Körper der Mutter angekuschelt, schlief sie glücklich ein.

- Der Therapeut achtet darauf, daß die in der Familie angewandte Festhaltetherapie *nicht zu einer erzieherischen Maßnahme*, beispielsweise zu einer Strafe entartet. Das Ziel des Festhalteprozesses ist ja nicht, daß das Kind ruhig wird, sondern daß es Freude an der Beziehung zu seiner Mutter und zu sich selbst hat, daß es zufrieden ist und sich der »Glanz in seinen Augen« zeigt. Der Therapeut sorgt allerdings dafür, daß *auf der Basis der erneuerten Beziehung eine gute Erziehung entsteht.* Das Kind braucht den Halt nicht nur auf der Matte in der therapeutischen Situation, sondern zuverlässig auch im Alltag (sonst wäre das Festhalten eine Verlogenheit!). Eine auf dem Vorbild der Eltern ruhende, auf dem konsequenten Einhalten der Regeln bestehende, allerdings das eigene Selbst des Kindes achtende und zu seiner Loslösung zielende Erziehung ist anzustreben. Die Faustregel dieses Erziehungsstiles heißt: die gleichen Regeln, die die Eltern dem Kind aufstellen, halten sie auch selber ein.
- Zur *Ethik* des Festhaltetherapeuten gehört, daß er sich selbst in höhere Ordnungen eingebunden weiß und von hier auch die geistigen Kräfte für seinen inneren Halt schöpft. Aufgrund seiner *ganzheitlichen Sichtweise* sieht er nicht nur das Kind, sondern auch seine Einbindung in die Schöpfungsgesetze (Stufen des Wachsens, Größenordnungen, systemische Ordnungen). Jedem, der an einem Konflikt beteiligt ist, möchte er zu seinem Recht verhelfen, alle aversiven Gefühle zu äußern, um die Liebe erneuern zu können. »Die Liebe zum Feind« als die höchste Form der menschlichen Liebe ist die *spirituelle Grundlage* dieser Art des Festhaltens und der Festhaltetherapie.

Das Festhalten ist keine neue Weisheit. Es wurde von jeher von verantwortungsvollen und intuitiven Pädagogen und Psychologen angewandt, zum Beispiel von Pestalozzi bei beziehungsgestörten Kindern.[38] Auch in der Biographie über Milton Erickson be-

schreibt Haley[39], wie der bekannte Psychotherapeut eine Mutter anleitete, ihr Kind, »das mehr Macht hatte, als es verarbeiten konnte«, zu halten, bis es ansprechbar ist. In den USA haben Zaslow und Martha Welch unabhängig voneinander das Festhalten zunächst bei autistischen Kindern angewandt, aber zunehmend auch auf andere Indikationen ausgedehnt. Eine ethnologische Begründung für das Festhalten zeigte der Nobelpreisträger Tinbergen auf, und sein Verdienst ist es, daß die Verbreitung in dem deutschsprachigen Raum geschah. So hatte auch ich die Gelegenheit, das Festhalten zu übernehmen.
Zum Festhalten gibt es konträre Meinungen. Manche befürchten, das Festhalten könnte mißbraucht werden, um die Persönlichkeit zu brechen. Diese Widerstände sind meist Ausdruck eigener kindlicher Ängste, zum Beispiel dann, wenn das Gehaltenwerden nur bei körperlichen Züchtigungen, nicht aber als liebevolle Zuwendung erlebt wurde. Genau das Gegenteil ist allerdings der Fall: Je mehr sich ein Mensch als Kind liebevoll festgehalten fühlte, desto eher kann er aus der Sicherheit des verbleibenden Gefühls des Gehaltenwerdens sein eigenes Kind halten.
Aus der Lebensgeschichte eines Menschen kann man in vielen Fällen auf seine Einstellung zum Festhalten schließen, und umgekehrt. Bedenkt man, wie verpönt es in der Generation der heutigen Eltern und Großeltern war, unter nahem Körperkontakt Gefühle frei zu äußern, wundert man sich nicht, daß die Festhaltetherapie so umstritten ist.
Seit einigen Jahren wird der Ruf nach haltbietenden Therapien, also auch nach der Festhaltetherapie, immer lauter, weil die Kinder der einst autoritär erzogenen Eltern in das andere Extrem verfallen sind. Das Festhalten wird daher mittlerweile von den verschiedensten therapeutischen Richtungen angewandt, von der klassischen Verhaltenstherapie bis hin zu esoterisch ausgerichteten Verfahren. Ich wehrte mich jahrelang dagegen, die in diesem Buch dargestellte Festhaltetherapie mit meinem Namen zu autorisieren. Ich tue es heute, da eine Abgrenzung von anderen, ähnlichen Formen notwendig ist.

Das verhaltenstherapeutisch orientierte Festhalten, das unter dem Begriff der »modifizierten Festhaltetherapie« nach U. Rohmann oder unter dem Begriff des »körperbezogenen Interaktionstrainings« nach F. Jansen firmiert, ist eine reine Konditionierungsmethode, die das Festhalten als Strafreiz einsetzt, um dem Kind seine aversiven Gefühlsäußerungen abzugewöhnen und es zur Anpassung zu trainieren (solange das Kind schreit, wird es festgehalten, und es wird erst dann freigelassen, wenn es damit aufhört). Diese Methoden stehen in großem Widerspruch zum *Holding* nach M. Welch und zu der davon abgeleiteten Festhaltetherapie nach J. Prekop. Diesen beiden letztgenannten Methoden geht es grundsätzlich um die Rehabilitation der Bindung unter dem Zulassen der aversiven Gefühle und deren Verwandlung in die Sicherheit der vorbehaltlosen Liebe. Vom *Holding* unterscheidet sich die Festhaltetherapie von Prekop durch ihre Betonung der Ganzheitlichkeit, sprich der Anlehnung an schöpfungsbedingte Gesetze, der systemischen Ordnungen und der Würdigung aller am Prozeß Beteiligten, also letztlich durch ihre Spiritualität.

## *Weitere therapeutische Hilfen*

Aus der Ausführlichkeit meiner Darstellung der Festhaltetherapie sollte nicht abgeleitet werden, daß ich die anderen therapeutischen Maßnahmen nicht schätze. Ich halte dem Festhalten deshalb die Stange, weil ich mich von ihrer Wirksamkeit überzeugen konnte. Sie kurz darzustellen war deshalb notwendig, weil sie in bezug auf die kindliche Herrschsucht noch an keiner Stelle beschrieben wurde.

Erst dann, wenn diese fundamentale Hilfe zu fruchten beginnt, indem das Kind unter der erneuerten Beziehung bereit ist, sich weiteren therapeutischen Hilfen zu öffnen, und es die Einsicht für deren Notwendigkeit gewinnt, bekommen diese ihre große Bedeutung. Es ist dann nicht mehr zwingend notwendig, den tieferen Ursachen

nachzugehen und an die Wurzeln des Leidens heranzukommen, denn dies konnte durch das Festhalten geschehen. Allerdings lassen sich die tiefgreifenden und zu neuen Wegen in der Beziehungsqualität führenden Selbsterkenntnisse mit Hilfe von Psychodrama und Gestalttherapie noch feiner verarbeiten. In manchen Fällen brauchen auch viel eher die Eltern als das Kind eine tiefenpsychologische, individuelle Hilfe, besonders dann, wenn durch eine Art Haß-Liebe zum Kind eigene, einst verschüttete Ängste hochkommen.
Grundsätzlich ist es wichtig, daß das Kind zum Erkennen eigener Fähigkeiten und Schwächen geleitet wird, um realistisch den Vergleich zu anderen ziehen und das eigene Selbstwertgefühl davon ableiten zu können. Es soll neue soziale Erwartungen und Bereitschaften sowie dementsprechende soziale Umgangsformen einüben. Aus dem breiten Angebot von guten *verhaltenstherapeutisch* und *gruppendynamisch orientierten Trainingsverfahren* verweise ich nur auf vier:

- die Realitätstherapie von William Glasser
- die Familienkonferenz von Thomas Gordon
- das Training mit aggressiven Kindern von Franz und Ulrike Petermann
- die Psychomotorische Entwicklungsförderung nach Ernst J. Kiphard.

Der vorteilhafte gemeinsame Nenner dieser Verfahren beruht auf dem »gesunden Menschenverstand«. Sie sind auf die Praxis bezogen und nicht nur von Fachleuten mit psychotherapeutischer Ausbildung praktizierbar, sondern auch von Pädagogen und in unkomplizierten Fällen auch von Eltern.
Außerdem ist ihnen gemeinsam, daß die Autoren die Kinder ihre Probleme mit der sozialen Realität auf eine kinderfreundliche Weise erkennen und die angemessene Auseinandersetzung erlernen lassen. Dabei soll das Kind u.a. lernen, die Verantwortung für sein Tun zu übernehmen. Bei dem Training von Petermann erforschen Kinder mit Hilfe von Detektivspielen eigene Verhaltensstörungen, erleben diese in Rollenspielen, suchen nach Veränderungen und nehmen sich vor, diese auch zu verwirklichen, wozu ihnen eine bunte Mischung von

Einübungsmaßnahmen in Form von Interaktionsspielen, Analysen von Videofilmen, Einzel- und Gruppengesprächen zur Seite steht.
Ähnlich wird auch im Training nach Glasser nach einem ersichtlichen, kontrollierbaren Plan verfahren. Als eine unabdingbare Voraussetzung dafür, daß der Therapeut mithilft, den Plan an die realen Ziele anzugleichen und realisierbar zu machen, gilt die unzweideutige Entscheidung des Kindes darüber, daß es sein Verhalten selber als ungut einsieht und dieses wirklich aufgeben will.
Die Familienkonferenz nach Gordon hat den Vorteil der direkten Intervention »am Tatort«, ohne die Motivation über andere Medien übertragen zu müssen. Innerhalb der Familie hat das Kind eine demokratische Chance, sich die Rückkoppelung von anderen und auch deren Hilfe zu holen. Die gleiche Chance haben auch Eltern und Geschwister.
Zum Unterschied von diesen drei Verfahren, die ein relativ hohes Niveau eines sprachlich-logischen Denkens beim Kind voraussetzen, läßt sich die Psychomotorische Entwicklungsförderung nach Kiphard auch für weniger begabte bis geistig behinderte Kinder anwenden. Es wird wahrnehmbar gelernt, den Partner zu berücksichtigen, sich zu helfen, zu warten und dergleichen.
Die allererste Voraussetzung für einen Neuanfang beim Kind liegt allerdings in der Einsicht der Eltern. Geschah die Entmachtung des Kindes außerhalb des Elternhauses, noch bevor die Eltern selber die Alarmsignale der Herrschsucht erkannt haben, ist eine um so dramatischere Krise zu erwarten. Im Mut der Eltern, sich von Illusionen zu trennen und die Verantwortung zu übernehmen, ist die Hoffnung für den kleinen Tyrannen verankert. Gönnen wir ihm, daß er das Herrschen aufgeben und endlich ein glückliches, freies Kind sein darf.

# Anmerkungen

1 K. Lorenz: Die acht Sünden der zivilisierten Menschheit, München $^{17}$1984, S. 66.
2 Vgl. R. Lempp: Familie im Umbruch, München 1986, S. 87.
3 E. Blumenthal: Wege zur inneren Freiheit. Theorie und Praxis der Selbsterziehung, Luzern und Stuttgart 1984, S. 84.
4 V. Louis: Einführung in die Individualpsychologie, Bern und Stuttgart 1975, S. 55.
5 A. Adler: Problems of Neurosis. A Book of Case Histories, London 1929, S. 96.
6 Zitiert nach Th. Saum: Arznei gegen Zappelei, in: Psychologie heute 3/1986, S. 12.
7 Vgl. N. Postman: Wir amüsieren uns zu Tode, Frankfurt 1985, S. 102.
8 Vgl. F. von Cube-Alshut: Fordern statt verwöhnen, München 1986.
9 Vgl. Statistisches Jahrbuch der Bundesrepublik Deutschland, Wiesbaden 1982-84.
10 Vgl. H. Nohr: Liebe und Geborgenheit bei Eltern, in: Kindergesundheit 12/1986.
11 J. Martinius: Stereotypien. Beschreibung, Bedeutung, Behandlung aus ärztlicher Sicht, in: Therapeutische Ansätze in Theorie und Praxis. Bericht von der 6. Bundestagung des Bundesverbandes »Hilfe für das autistische Kind«, Hamburg 1984, S. 44.
12 Vgl. D. Morris: Liebe geht durch die Haut, München 1975.
13 Vgl. A.F. Korner: Maternal rhythms and waterbeds. A form of intervention with premature infants, in: Origins of the infants' social responsiveness, herausgegeben von E.V. Thoman. Hillsdale/New Jersey 1979; D. Bürgin: Über einige Aspekte der pränatalen Entwicklung, in: Psychiatrie des Säuglings- und des frühen Kleinkindalters, herausgegeben von G. Nissen, Bern, Stuttgart, Wien $^{2}$1984.
14 Vgl. Vorgeburtliches Seelenleben, herausgegeben von G.H. Graber und F. Kruse, München 1973; S. Schindler: Geburteintritt in eine neue Welt, Göttingen 1982; I. Eibl-Eibesfeldt: Ursprung und soziale Funktion des Objektbesitzes, in: J. Bowlby: Attachment and Loss, New York 1969.
15 Vgl. F. Leboyer: Geburt ohne Gewalt, München $^{7}$1992.
W.S. Condon und L.W. Sander: Neonate Movement is Synchronized with Adult Speech. Interactional Participation and Language Acquisition, in:

Science 183; M. Papoušek: Wurzeln der kindlichen Bindung an Personen und Dinge. Die Rolle der integrativen Prozesse, in: J. Bowlby: Attachment and Loss, New York 1969.

16 Vgl. R. Michaelis: Die Bedeutung der motorischen Entwicklung für die geistige Entwicklung des Kindes, in: Wahrnehmungsübungen, herausgegeben vom Fachverband des Diakonischen Werkes der EKD, Stuttgart 1980.

17 Vgl. J. Bowlby: Attachment and Loss, New York 1969; E.H. Erikson: Identität und Lebenszyklen, Frankfurt 1976.

18 Vgl. F. Renggli: Angst und Geborgenheit, Reinbek 1976; Bindungen und Besitzdenken beim Kleinkind, herausgegeben von Ch. Eggers, München, Wien, Baltimore 1984; Psychiatrie des Säuglings- und des frühen Kleinkindalters, herausgegeben von G. Nissen, Bern, Stuttgart, Wien [2]1984.

19 A. Gruen: Der Verrat am Selbst, München 1986, S. 87.

20 Vgl. R. Spitz: Die Entstehung der ersten Objektbeziehungen, Stuttgart [3]1973; H. Rauh: Frühe Kindheit, in: R. Oerter und L. Montada: Entwicklungspsychologie. Ein Lehrbuch, München, Wien, Baltimore 1982.

21 Vgl. M. Ainsworth: Attachment and Dependency. A Comparison, in: Attachment and Dependency, herausgegeben von J.L. Gewirtz, Washington D.C. 1972.

22 W. Schiefenhövel: Bindung und Loslösung – Sozialisationspraktiken im Hochland von Neuguinea, in: J. Bowlby: Attachment and Loss, New York 1969.

23 Vgl. Bindungen und Besitzdenken beim Kleinkind, herausgegeben von Ch. Eggers, München, Wien, Baltimore 1984.

24 Franz Hohler: Der Rand der Ostermundigen. Geschichten, Neuwied [8]1984.

25 G. Biermann: Kinder und Jugendliche. Entwicklung – Entwicklungsstörungen. Psychohygienische Konsequenzen, Frankfurt 1985, S. 21.

26 Vgl. M. Balint: Die Urformen der Liebe und die Technik der Psychoanalyse, Bern und Stuttgart 1966.

27 Vgl. Vorgeburtliches Seelenleben, herausgegeben von G.H. Graber und F. Kruse, München 1973.

28 Vgl. J. Liedloff: Auf der Suche nach dem verlorenen Glück, München 1984.

29 H. und M. Papoušek: Die Rolle der sozialen Interaktion in der psychischen Entwicklung und Pathogenese, in: Psychiatrie des Säuglings- und des frühen Kleinkindalters, herausgegeben von G. Nissen, Bern, Stuttgart, Wien 1984, S. 71.

30 G. Weber (Hrsg.): Zweierlei Glück, Heidelberg 1994, S. 139 ff.

31 a.a.O., S. 141.

32 A. Lowen: Narzißmus, München 1984, S. 110.

33 H. Hobmair und G. Treffer: Individualpsychologie, Erziehung und Gesellschaft, München 1979, S. 49.
34 Vgl. Diagnostisches und Statistisches Manual Psychischer Störungen, DSM III, Weinheim und Basel 1984.
35 H. Grothe: Verwöhnt! Wenn Kinder zu Tyrannen werden, in: Eltern 5/1986, S. 40.
36 Vgl. M. Mitscherlich: Die Bedeutung des Übergangsobjektes für die Entfaltung des Kindes, in: J. Bowlby: Attachment and Loss, New York 1969.
37 Th. Hellbrügge und G. Döring: Die ersten Lebensjahre, München 1982, S. 248.
38 Vgl. F. Schorer: Autismus, in: Neue Zürcher Zeitung 96/1986.
39 J. Haley: Die Psychotherapie Milton Ericksons, München 1978.

# Literaturhinweise


Adler, A.: Problems of Neurosis. A Book of Case Histories, London 1929.

Adler, A.: Werke, Frankfurt 1970ff.

Ainsworth, M.: Attachment and Dependency. A Comparison. In: Attachment and Dependency. Herausgegeben von J.L. Gewirtz, Washington D.C.: Winston 1972.

Ainsworth, M./B. Blehar/E. Waters/S. Wallis: Patterns of attachment. A psychological study of the strange situation. Hillsdale/New Jersey: Erlbaum 1978.

Balint, M.: Die Urformen der Liebe und die Technik der Psychoanalyse. Bern, Stuttgart 1966.

Biermann, G.: Kinder und Jugendliche. Entwicklung – Entwicklungsstörungen. Psychohygienische Konsequenzen, Frankfurt 1985.

Bindungen und Besitzdenken beim Kleinkind. Herausgegeben von Ch. Eggers. München, Wien, Baltimore 1984.

Blumenthal, E.: Wege zur inneren Freiheit. Theorie und Praxis der Selbsterziehung. Luzern, Stuttgart $^{9}$1984.

Bowlby, J.: Attachment and Loss. New York: Basic Books 1969.

Bürgin, D.: Über einige Aspekte der pränatalen Entwicklung. In: Psychiatrie des Säuglings- und des frühen Kleinkindalters. Herausgegeben von G. Nissen. Bern, Stuttgart, Wien $^{2}$1984.

Burchard, F.: Überlegungen zur Festhaltetherapie bei Kindern mit frühkindlichem autistischem Syndrom. In: Praxis der Kinderpsychologie und Kinderpsychiatrie 7/1984.

Burchard, F.: Dreiteilige Beobachtungsstudie zur Praxis der Festhaltetherapie nach ein bis fünf Jahren. Dissertation im Fachbereich Medizin an der Universität Hamburg 1991.

Cermak, H.: Die erste Kindheit. Ein ärztlicher Ratgeber für das 1. und 2. Lebensjahr. Wien 1982.

Condon, W.S./L.W. Sander: Neonate Movement is Synchronized with Adult Speech. Interactional Participation and Language Acquisition. In: Science 183.

Cube-Alshut, F. von: Fordern statt verwöhnen. München 1986.

Diagnostisches und Statistisches Manual Psychischer Störungen. DSM III. Weinheim, Basel 1984.

Dührsen, A.: Heimkinder und Pflegekinder in ihrer Entwicklung. Göttingen $^{6}$1977.

Eibl-Eibesfeldt, I.: Ursprung und soziale Funktion des Objektbesitzes. In: J. Bowlby: Attachment and Loss. New York: Basic Books 1969.
Erikson, E.H.: Identität und Lebenszyklus. Frankfurt 1976.
Freud, S.: Gesammelte Werke. Frankfurt 1976ff.
Fromm, E.: Haben oder Sein. Die seelischen Grundlagen einer neuen Gesellschaft. München 1979.
Glück und Gesundheit durch Psychologie? Konzepte, Entwürfe, Utopien. Herausgegeben von P. Kaiser. München 1986.
Goos, B.: Geburt ohne Gewalt – Sanfte Landung auf unserer Erde. In: S. Schindler: Geburtseintritt in eine neue Welt. Göttingen 1982.
Gordon, Th.: Familienkonferenz. Reinbek 1981.
Grof, S.: Geburt, Tod und Transzendenz. München 1985.
Grothe, H.: Verwöhnt! Wenn Kinder zu Tyrannen werden. In: Eltern 5/1986.
Gruen, A.: Der Verrat am Selbst. München 1986.
Gruen, A./J. Prekop: Das Festhalten und die Problematik der Bindung im Autismus. Theoretische Betrachtungen. In: Kinderpsychologie und Kinderpsychiatrie 7/1986.
Haley, J.: Die Psychotherapie Milton Ericksons, München 1978.
Harlow, H.F./M.K. Harlow/S.J. Suomi: From thought to therapy; lessons from a primate laboratory. In: American Scientist 59/1971.
Hassenstein, B.: Verhaltensbiologie des Kindes, München [3]1980.
Hellbrügge, Th./G. Döring: Die ersten Lebensjahre. München 1982.
Hellbrügge, Th.: Zur Problematik der Säuglings- und Kleinkinderfürsorge in Anstalten – Hospitalismus und Deprivation. In: Handbuch der Kinderheilkunde III. Herausgegeben von H. Opitz und S. Schmidt. Berlin, Heidelberg, New York 1966.
Hellinger, B.: Ordnungen der Liebe. Ein Kursbuch. Heidelberg 1994.
Herzka, H.S.: Das Kind von der Geburt bis zur Schule. Zürich [6]1984.
Hobmair, H./G. Treffer: Individualpsychologie, Erziehung und Gesellschaft. München 1979.
Joffe, W.G./J. Sandler: Notes in Pain, Depression, and Individuation. In: The Psychoanalytic Study of the Child, Bd. 20. New York 1965.
Kagan, J.: Gehupft wie gesprungen. Ein Interview in ›Psychologie heute‹ 12/1979.
Kiphard, E.J.: Psychomotorische Entwicklungsförderung. Band 1: Motopädagogik. Dortmund [2]1984.
Kohut, H.: Narzißmus, Frankfurt 1976.
Korner, A.F.: Maternal rhythms and waterbeds. A form of intervention with premature infants. In: Origins of the infants' social responsiveness. Herausgegeben von E.V. Thoman, Hillsdale/New Jersey: Erlbaum 1979.
Leboyer, F.: Geburt ohne Gewalt. München [7]1992.
Lempp, R.: Familie im Umbruch, München 1986.

Liedloff, J.: Auf der Suche nach dem verlorenen Glück. München 1984.
Lorenz, K.: Die acht Sünden der zivilisierten Menschheit. München [17]1984.
Louis, V.: Einführung in die Individualpsychologie. Bern, Stuttgart [2]1975.
Lowen, A.: Narzißmus. München 1984.
Mahler, M.S./F. Pine/A.B. Bergmann: Die psychische Geburt des Menschen. Symbiose und Individuation. Frankfurt [2]1984.
Martinius, J.: Stereotypien. Beschreibung, Bedeutung, Behandlung aus ärztlicher Sicht. In: Therapeutische Ansätze in Theorie und Praxis. Bericht von der 6. Bundestagung des Bundesverbandes »Hilfe für das autistische Kind«. Hamburg 1984.
Meves, Ch.: Verhaltensstörungen bei Kindern. München [3]1980.
Meves, Ch.: Manipulierte Maßlosigkeit. Freiburg [24]1983.
Michaelis, R.: Die Bedeutung der motorischen Entwicklung für die geistige Entwicklung des Kindes. In: Wahrnehmungsübungen. Herausgegeben vom Fachverband des Diakonischen Werkes der EKD. Stuttgart 1980.
Mitscherlich, M.: Die Bedeutung des Übergangsobjektes für die Entfaltung des Kindes. In: J. Bowlby: Attachment and Loss. New York: Basic Books 1969.
Morris, D.: Liebe geht durch die Haut. München 1975.
Muus, R.E.: Die Realitätstherapie von William Glasser. In: Der Kinderarzt 17/1986.
Nohr, H.: Liebe und Geborgenheit bei Eltern. In: Kindergesundheit 12/1986.
Otte, H.M.: Ohnmächtige Eltern. Was Eltern verzweifelt macht und Kinder verunsichert – Ein Elternführerschein. Dortmund 1994.
Papoušek, M.: Wurzeln der kindlichen Bindung an Personen und Dinge. Die Rolle der integrativen Prozesse. In: J. Bowlby: Attachment and Loss. New York: Basic Books 1969.
Papoušek, H./M. Papoušek: Die Rolle der sozialen Interaktionen in der psychischen Entwicklung und Pathogenese. In: Psychiatrie des Säuglings- und des frühen Kleinkindalters. Herausgegeben von G. Nissen. Bern, Stuttgart, Wien 1984.
Perceptual Processes as prerequisites for a complex human behavior. A theoretical model and its application to therapy. Herausgegeben von F. Affolter/E. Stricker. Bern, Stuttgart, Wien 1966.
Petermann, U./F. Petermann: Training mit aggressiven Kindern. München [2]1984.
Piaget, J.: Das Erwachen der Intelligenz beim Kinde. Stuttgart [2]1973.
Portmann, A.: Zoologie und das neue Bild des Menschen. Hamburg 1956.
Postman, N.: Wir amüsieren uns zu Tode. Frankfurt 1985.
Prekop, J.: Wir haben ein Kind angenommen. In: Wir haben ein Kind angenommen. Herausgegeben von Jacob-Lutz. Stuttgart 1977.
Prekop, J.: Hättest du mich festgehalten … Grundlagen und Anwendung der Festhalte-Therapie. München 1989.

Prekop, J./Schweizer, Ch.: Kinder sind Gäste, die nach dem Weg fragen. Ein Elternbuch. München [8]1994.
Prekop, J./Schweizer, Ch.: Unruhige Kinder. Ein Ratgeber für beunruhigte Eltern. München [3]1994. @LITTXT = Psychiatrie des Säuglings- und des frühen Kleinkindalters. Herausgegeben von G. Nissen. Bern, Stuttgart, Wien [2]1984.
Rauh, H.: Frühe Kindheit. In: Oerter, R./L. Montada: Entwicklungspsychologie. Ein Lehrbuch. München, Wien, Baltimore 1982.
Renggli, F.: Angst und Geborgenheit, Reinbek 1976.
Saum, Th.: Arznei gegen Zappelei. In: Psychologie heute 3/1986.
Schiefenhövel, W.: Bindung und Loslösung – Sozialisationspraktiken im Hochland von Neuguinea. In: J. Bowlby: Attachment and Loss. New York: Basic Books 1969.
Schindler, S.: Geburteintritt in eine neue Welt. Göttingen 1982.
Schmidbauer, W.: Die hilflosen Helfer. Reinbek 1977.
Schorer, F.: Autismus. In: Neue Zürcher Zeitung 96/1986.
Schweizer, Ch./Prekop, J.: Was unsere Kinder unruhig macht ... Ein Elternratgeber: Aufklärung über Ursachen der Hyperaktivität, Empfehlungen zur Förderung der normalen Entwicklung. Stuttgart 1991.
Seligman, M.E.P.: Erlernte Hilflosigkeit. München, Wien, Baltimore [3]1986.
Speck, O.: Chaos und Autonomie in der Erziehung. Erziehungsschwierigkeiten unter moralischem Aspekt. München 1991.
Spitz, R.: Die Entstehung der ersten Objektbeziehungen. Stuttgart [3]1973.
Statistisches Jahrbuch der Bundesrepublik Deutschland. Wiesbaden 1982-84.
Strotzka, H.: Macht. Wien, Hamburg 1985.
Tinbergen, E.A./N. Tinbergen: Autismus. Berlin, Hamburg 1984.
Verny, T./I. Kelly: Das Seelenleben des Ungeborenen. Berlin 1983.
Victor, G.: The Riddle of Autism. Lexington: Lexington Books 1983.
Vorgeburtliches Seelenleben. Herausgegeben von G.H. Graber und F. Kruse. München 1973.
Weber, G. (Hrsg.): Zweierlei Glück. Die systemische Psychotherapie Bert Hellingers. Heidelberg [4]1994.
Welch, M.G.: Heilung vom Autismus durch die Mutter-und-Kind- Haltetherapie. In: Tinbergen, E.A./N. Tinbergen: Autismus. Berlin, Hamburg 1984.
Welch, M.G.: Die haltende Umarmung. München 1991.
Winnicott, D.W.: Reifungsprozesse und fördernde Umwelt. Frankfurt 1984.
Winnicott, D.W.: Übergangsobjekte und Übergangsphänomene. In: Psyche 23/1969.
Zaslow, R.W.: Der Medusa Komplex. Die Psychopathologie der menschlichen Aggression im Rahmen der Attachment-Theorie. In: Zeitschrift für klinische Psychologie und Psychotherapie 2/1982.

Alle, die sich für die Festhaltetherapie interessieren bzw. erfahren möchten, welche Festhaltetherapeuten in ihrer Umgebung tätig sind, wenden sich bitte schriftlich an die Geschäftsstelle der

Gesellschaft zur Förderung
des Festhaltens als Lebens-
form und Therapie e.V.
Annette Wolf
Griesweg 5
88319 Aitrach.

## ... Eltern sein dagegen sehr

## Erziehungsberater im dtv

Jeffrey L. Brown
**Keine Räuber unterm Bett**
Wie man Kindern Ängste nimmt
dtv 36093

**Was macht ihr für Geschichten?**
Ausdrucksformen des kindlichen Erlebens
Herausgegeben von Reinhard Fatke
dtv 35136

Klaus Fritz
**Ein Sternenmantel voll Vertrauen**
Märchenhafte Lösungen für alltägliche Probleme
dtv 36120

Allan Guggenbühl
**Die unheimliche Faszination der Gewalt**
Denkanstöße zum Umgang mit Aggression und Brutalität unter Kindern
dtv 36025

Gerhard W. Lauth
Peter F. Schlottke
Kerstin Naumann
**Rastlose Kinder, ratlose Eltern**
Hilfen bei Überaktivität und Aufmerksamkeitsstörungen · dtv 36122

Jane Nelsen
Lynn Lott
H. Stephen Glenn
**Der große Erziehungsberater**
Antworten auf Elternfragen von Abhängigkeit bis Zuhören · dtv 36095

Dagmar C. Walter
**Autogenes Training für Kinder**
Phantasiereisen zum Entspannen
dtv 36092

Dagmar Wolf
**Babysitter, Hort & Co.**
Ratgeber zur Kinderbetreuung · dtv 36094